미래에서 만나요!
채사장

2024. 10.

채사장의 지대넓얕

11 시공간의 비밀

(글) 채사장

책읽기를 좋아하는 평범한 사람이었던 채사장 작가님은 사람들과 지식을 나누는 대화를 하는 게 가장 재미있었어요. 이런 재미와 기쁨을 전하기 위해 2014년에 쓴 책 《지적 대화를 위한 넓고 얕은 지식》이 밀리언셀러에 오르며 인문학 도서 신기록을 달성했어요. 이후에도 다양한 책을 써서 독자들과 소통하고 있고, 강연을 통해 많은 사람들과 지식의 즐거움을 나누고 있습니다.

(글) 마케마케

오랫동안 그림책 작가와 어린이 책 편집자로 일하며 재미있는 이야기의 힘을 믿어 왔어요. 채사장님의 《지적 대화를 위한 넓고 얕은 지식》을 독자로 접하고 인문학이 삶을 바꿀 수 있다는 것을 실감하고는 어린이들에게 쉽게 전달하기 위해 알파의 이야기를 만들었어요. 매일 알파, 마스터와 함께 즐거운 지식 여행을 떠나고 있답니다.

(그림) 정용환

홍익대학교 산업디자인학과를 졸업하고 다양한 책과 매체에 일러스트 작업을 하였어요. 〈복제인간 윤봉구〉 시리즈, 《로봇 일레븐》, 《유튜브 스타 금은동》 등 다양한 어린이 책의 그림을 그렸으며 《슈퍼독 개꾸쟁》을 쓰고 그려서 제1회 '이 동화가 재미있다' 대상을 받기도 했지요. 어린이들이 교양을 익히고 더 나은 삶을 꿈꿀 수 있도록 이 이야기에 아름다운 그림과 색채를 입혀 주었답니다.

채사장의 지대넓얕 11
(지적 대화를 위한 넓고 얕은 지식)

초판 1쇄 발행 2024년 10월 15일

지은이 채사장, 마케마케
그린이 정용환
펴낸이 권미경
마케팅 심지훈, 강소연, 김재이
디자인 양X호랭 DESIGN

펴낸곳 ㈜돌핀북
등록 2021년 8월 30일 제2021-000179호
주소 서울시 마포구 토정로 47, 701
전화 02-322-7187 팩스 02-337-8187
메일 sky@dolphinbook.co.kr

ⓒ채사장, 마케마케, 정용환, 2024
ISBN 979-11-93487-05-1 74900
　　　979-11-975784-0-3 (세트)

이 책을 무단 복사·전재하는 것은 저작권법에 위반됩니다.
잘못 만들어진 책은 구입하신 서점에서 교환해드립니다.

채사장의
지대넓얕

지적 대화를 위한 넓고 얕은 지식

11 시공간의 비밀

글 채사장, 마케마케
그림 정용환

Dolphin books

과학이라는 진리에 초대합니다

안녕하세요? 채사장입니다.

저는 대중에게 인문학 강의를 하며, 책을 쓰고 있어요.

제가 난생 처음 쓴 책이 《지적 대화를 위한 넓고 얕은 지식》입니다. 바로 지금 여러분이 읽고 있는 이 책의 성인판, 여러분의 부모님도 선생님도 읽었을 책이지요. 첫 책인데도 아주 많은 사람들에게 큰 사랑을 받았습니다.

그런데 이 책은 사실, 어른이 되기 전에 읽어야 하는 내용이에요. 조금이라도 더 어릴 때 알면 좋은 내용! 그래서 어른이 아니어도 잘 읽을 수 있도록 이렇게 쉽고 재미있는 책으로 만들었습니다.

왜 저는 《지적 대화를 위한 넓고 얕은 지식》과 같은 인문학 책을 썼을까요?

대답을 위해 저의 어린 시절로 거슬러 올라가 보겠습니다. 저는 책을 읽지 않는 어린이였어요. 학교에서는 맨 뒤에 앉아 엎드려 잠만 자는 아이였지요. 세상과 사람에 대해서 통 관심이 없었어요. 그렇게 어영부영 고등학생이 된 어느 날, 너무 심심한 나머지 처음으로 책 한 권을 읽었습니다. 그 책은 소설 《죄와 벌》이었는데, 책을 읽고 저는 충격을 받았어요. 제 주변의 세계가 확 다르게 보였죠. 그때부터 저는 닥치는 대로 책을 읽기 시작했어요. 세계가 너무도 신기했고, 인간이 참으로 신비했죠.

하지만 성인이 될수록 세계를 더 잘 이해하기는커녕 도무지 이해할 수 없었어요. 왜 어떤 사람은 부자이고 어떤 사람은 가난할까? 왜 어떤 인간들은 약한 자들 위에 올라서고, 전쟁을 일으키는 걸까? 궁금했어요.

역사를 잘 살펴보니 그 답이 있었습니다. 오늘날 왜 경제에 의해서 세계가 좌지우지되는지 원인과 흐름을 이해할 수 있었죠. 인문학은 이렇게 세계를 보는 눈을 뜨게 해 줍니다.

우리 인류는 절대적이고 보편적이며 변하지 않는 진리를 찾기 위해 끝없는 탐험을 이어왔어요. 그중에서도 과학은 현대인에게 가장 큰 사랑과 신뢰를 받고 있는 진리의 후보예요. 하지만 과학을 무조건적으로 받아들이지 않으려면 과학의 역사가 어떻게 발전해 왔는지 이해해야 해요. 과학 이론은 시대나 상황에 따라 바뀌었고 때로는 기존의 믿음을 180도 뒤집히기도 했거든요.

우리는 앞 권들을 통해 천동설이 지동설로 바뀌는 역사를 확인했어요. 20세기에 들어 관측 기술이 발전하면서 그동안 상식으로 받아들여져 왔던 과학 상식이 또 다시 뒤집히기도 했지요.

앞으로 우리가 맞이할 새로운 과학은 어떤 모습을 하고 있을까요?
유연하고 열린 마음으로 과학을 만나보세요. 그것이 나와 세계를 알아가는 데 필요한 과학적인 태도랍니다.
자, 그럼 저와 함께 과학의 세계로 떠나 볼까요?

2024년 가을에, 채사장

차례

프롤로그 다른 우주의 친구 · 11

① 빛은 무엇인가?
빛의 속도로 날아갈 수 있다면? ········ 21
- 채사장의 핵심 노트 빛의 속도 ······································ 44
- 마스터의 보고서 빛은 무엇일까? ································ 45
- Break time 속도를 구하라! ·· 46

② 특수 상대성이론
이상한 과학자들 ································ 47
- 채사장의 핵심 노트 위대한 법칙이 탄생했다 ············ 72
- 마스터의 보고서 아인슈타인의 생애 ·························· 73
- Break time 아인슈타인의 미로찾기 ···························· 74

③ 일반 상대성이론
시공간이 휘어진다고? ······················ 75
- 채사장의 핵심 노트 시공간의 곡률 ···························· 98
- 마스터의 보고서 블랙홀의 존재를 밝히다 ················ 99
- Break time 알쏭달쏭 중력 퀴즈! ································ 100

양자역학
④ 거시 세계 VS 미시 세계 ——— 101
- 채사장의 핵심 노트) 눈에 보이지 않는 세계 ——— 128
- 마스터의 보고서) 코펜하겐 학파 ——— 129
- Break time) 양자역학을 알려 줘! ——— 130

과학철학
⑤ 결정되지 않은 우주 ——— 131
- 채사장의 핵심 노트) 과학은 진보하지 않는다 ——— 156
- 마스터의 보고서) 슈뢰딩거의 고양이 ——— 157
- Break time) 가로세로 낱말풀이 ——— 158

(에필로그) 행성의 아침 · 159

- 최종 정리 ——— 164
- 과학 편 총정리 ——— 166

등장인물

채

다른 우주로 떠나 버린 친구 알파를 찾기 위해 신호를 따라 과학사를 탐험하는 차원 여행자. 어느 날 그의 카페를 찾아온 엉뚱한 과학자 리사와 그녀가 만든 로봇 피노와 함께 고대 시대 프톨레마이오스부터 근대의 뉴턴까지 만나게 되었다. 과학자들을 만나 짧은 대화를 나눌 때마다 알파의 신호가 어떤 의도를 가지고 그들을 안내하고 있음을 깨닫게 된다. 우주와 세계의 비밀을 알게 되면, 언젠간 알파가 있는 먼 곳까지 찾아갈 수 있을까? 채는 조금씩 이 모험에 희망을 느끼기 시작한다.

알파

인간의 문제를 해결하기 위해 다른 우주와 행성을 창조해 버린 중간 단계의 신. 그러나 무엇이 잘못되었는지 아무리 기다려도 그의 행성엔 인간이 나타나지 않았고, 기다림에 지친 알파는 먼 곳에 있는 친구 채에게 신호를 보내기 시작한다. 채가 신호를 받아 그를 구하러 오는 동안 행성에 홀로 남은 알파는 자연을 관찰하는 것으로 무료한 시간을 보내곤 했다. 그러던 어느 날 빛이 무엇인지 궁금해진 알파가 이런 저런 실험을 시작하는데…….

리사

차원을 연구하는 과학자. 그녀는 오래전부터 동료들과 함께 사설 우주 기지를 만들어 다른 우주로 떠날 수 있는 기술적 준비를 끝내 놓았다. 그러나 문제는 다른 차원으로 통하는 정확한 좌표를 구할 수 없다는 것. 그러던 어느 날 알파가 보낸 강력한 신호를 발견하고 어쩌면 이 신호가 다른 차원으로 통하는 비밀이 되어 줄지도 모른다고 생각하는데…….

피노

리사가 만든 로봇으로 다른 차원에서 들어오는 신호를 감지하는 기계다. 그동안 알파의 신호를 받을 때마다 신호의 거리와 위치를 계산하고 분석해 왔다. 이제 조금만 더 데이터가 쌓이면 정확한 좌표를 측정할 수 있을 것만 같다.

아인슈타인

20세기를 대표하는 천재 과학자. 시간과 공간에 대한 기존의 이론을 완전히 뒤집은 특수 상대성이론을 발표한다. 세상의 모든 것엔 원인과 결과가 있고 일정한 법칙으로 증명할 수 있다고 믿어 왔는데, 문득 나타났다가 갑자기 사라지는 채 일행을 만날 때마다 혼란스럽다.

이 책을 읽는 방법

이 책은 어른들을 위해 처음 만든 《지적 대화를 위한 넓고 얕은 지식》을 어린이들도 볼 수 있게 만든 책이에요. 많은 지식들을 하나의 흐름으로 정리해 주는 책이죠. 여러분만의 특별한 독서법을 통해 이야기 속에 숨어 있는 지식과 그 지식을 꿰뚫는 통찰을 발견하면 좋겠어요.

Step 1 › 이야기에 집중하기

처음 읽을 땐 일단 순서대로 이야기를 따라가는 데 집중해 보세요. 이야기 속 인물들은 과학의 역사를 훑어보며 다양한 학자들을 만나고 있어요. 인물들의 생각과 심리를 잘 살펴보고 "왜 그랬을까?", "이럴 때 어떤 마음이 들었을까?" 같은 질문을 던져도 좋아요. 어려운 단어나 모르는 내용이 나오면 멈춰서 찾아봐도 되지만 일단은 계속 독서를 진행해도 괜찮답니다.

Step 2 › 핵심 단어와 흐름 찾기

총 5화에서 펼쳐지는 이야기들은 20세기 과학사의 주요 개념을 다루고 있어요. 11권에 등장하는 '상대성이론'과 '양자역학'은 어린이들이 이해하기엔 아주 복잡하고 어려운 이론이지요. 그러니 잘 모르겠다고 해서 실망할 필요는 없어요. 구체적인 이론을 공부한다기보다 과학사의 흐름을 스케치한다는 생각으로 가볍게 책장을 넘겨 보세요. 반복적으로 등장하는 개념이나 이론이 익숙해질 수 있도록 정보 페이지를 활용하는 것도 좋은 방법이에요.

Step 3 › 지적 대화 나누기

"과학은 정말 모든 것을 예측할 수 있을까?"
"시간과 공간은 절대적일까?"
"기술의 발전은 과학적 지식을 어떻게 바꾸게 될까?"
"지금 내가 사실이라고 배운 지식도 언젠가는 바뀔 수 있을까?"
책을 읽다 보면 여러 가지 의문점이 생길 거예요. 그리고 여러 번 꼼꼼하게 읽거나 다른 자료를 찾아보면 어느 정도 의문점이 해소될 수도 있을 거고요. 이렇게 내가 궁금했던 것, 발견한 내용에 대해 친구들이나 부모님과 이야기해 보세요. 토론을 통해 책을 읽은 것보다 더 큰 기쁨과 지혜를 만날 수 있을 거예요. 책의 마지막 장을 덮은 후에도 우리의 이야기는 계속 이어질 테니까요.

다른 우주의 친구

"갑자기 여긴 왜 온 거예요? 알파의 신호가 이쪽을 가리킨 건가요?"

궁금한 게 많아진 채가 물었고 피노는 고개를 저었어.

"그건 아니에요. 채사장님."

리사가 조금 머뭇거리더니 대답했어.

"신호랑은 상관없어. 그냥 내가 당신한테 보여 주고 싶은 게 있어서 데리고 온 거야."

리사는 볼을 긁적이며 말했어.

"음……, 어디서부터 어떻게 말해야 할까."

채는 순간 자기 귀를 의심할 수밖에 없었어. 개인이 우주선을 제작하기 위한 기지를 만들 수 있다고?

채의 반응에 기가 막힌 리사였지. 어쨌거나 채는 리사와 피노의 안내에 따라 우주 기지 안으로 들어가 보기로 했어.

'오~, 생각보다 멀쩡한데?'

허름한 외부와는 달리 건물 안은 깔끔했고 첨단 장비들로 가득했어. 꽤 늦은 시간이었지만 연구원들이 분주하게 움직이며 일하고 있었지.

"대, 대단한데요? 대체 언제부터 이런 준비를 하신 거죠?"

채가 묻자 리사가 대답했어.

"우주선을 만든 지는 꽤 오래 됐지. 봐서 알겠지만, 이 연구는 대충 진행되지 않았어. 차원과 다중우주에 관심이 많은 과학자들이 모여 심혈을 다해 연구했거든. 지금 당장이라도 떠날 수 있을 정도로 장비와 기술은 다 갖춰진 상태야."

리사는 어깨를 으쓱하며 말을 이었어.

"그런데 문제는……, 어디로 가야 할지 모른다는 거였어."

 채는 심장이 빠르게 뛰는 게 느껴졌어. 만약 신호가 시작된 곳의 위치와 거리를 알 수 있다면 알파가 어디에 있는지도 파악할 수 있을 테니까.

 "어디죠? 알파가 지금 어디에 있냐고요!"

 채는 평소와 다르게 흥분된 목소리로 물었어. 당장이라도 알파가 있는 곳으로 달려갈 기세였지. 그곳이 어디라도 상관없었어. 지구 끝까지라도 갈 준비가 되었으니까.

　다른 우주라니. 채는 정신이 아득해졌어. 알파가 그렇게까지 먼 곳에 있다고? 어느 정도는 예상했지만 우주선을 타고 지구를 떠나야 할 정도라고는 미처 생각하지 못했지.
　우주는 광활한 미지의 공간이야. 아무리 정확하게 좌표를 계산해 찾아간다고 해도, 중간에 길을 잃거나 사고를 당할 수도 있어. 채의 이마에는 어느새 한줄기 땀이 흘러내렸어. 당장이라도 떠나고 싶었지만 한편으론 마음이 복잡해졌지.

피노가 또 다시 신호를 받은 것 같았어.

"당신 친구가 또 신호를 보낸 모양인데? 어서 가자!"

리사는 서둘렀어. 채는 너무 깊게 생각하지 않기로 했어. 지금처럼 신호를 좇다 보면 언젠가 알파와 마주하는 날이 다가올지도 모르니까.

그렇게 채 일행은 부드러운 주황 불빛을 따라 새로운 과학자를 만나기 위해 차원의 문을 활짝 열었어.

빛의 속도로 날아갈 수 있다면?

알파는 지구를 닮은 자신의 행성을 탐험하고 있었다. 오늘은 어느 사막 지대를 둘러보는 중이었다. 내리쬐는 태양 빛은 뜨거웠고 열기를 잔뜩 품은 모래알은 반짝거렸다. 타는 듯한 건조함과 더위에 알파는 머리가 다 어지러울 정도였다. 고개를 돌리는 알파의 눈에 저 멀리 뿌옇게 출렁이는 호수가 보였다. 알파는 목이라도 축이려고 그곳으로 한걸음에 달려갔다. 그런데 이게 어찌된 일인가. 조금 전까지만 해도 넓게 빛나던 호수는 온데간데없고 막막한 모래만이 이어져 있는 것이었다.

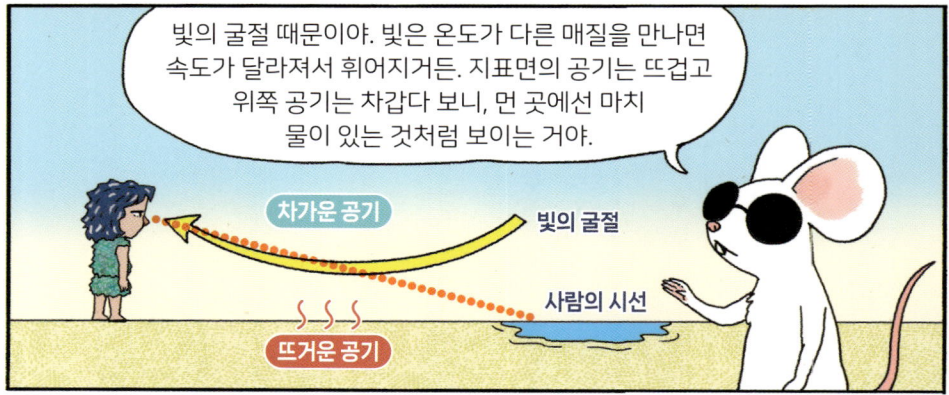

　그 이후로 알파는 빛에 심취했다. 아무도 없는 이 행성에선 딱히 할 일도 없었다. 관심 가는 것이 조금이라도 있으면 그 분야의 연구자가 되기에 시간이 충분했다.

　알파는 빛의 여러 모습을 찾아보았다. 코끼리가 코로 물을 뿜는 순간 찬란한 무지개가 피어나는 모습을 관찰했고, 캄캄한 동굴 안에 횃불이 켜질 때 거대한 어둠이 순식간에 사라지는 모습도 보았다. 반짝이는 원석 뒤에 칠을 하여 거울을 만들었고, 그 거울에 자신의 모습을 비추거나 태양 빛을 반사시키며 한참을 놀기도 했다.

알파는 예전에 공부했던 과학 지식들을 떠올려 보았다. 기억을 더듬어 보니 세상엔 '입자'로 이루어진 것들과 '파동'으로 전달되는 것들이 있었다. 그럼 빛은 입자일까, 파동일까?

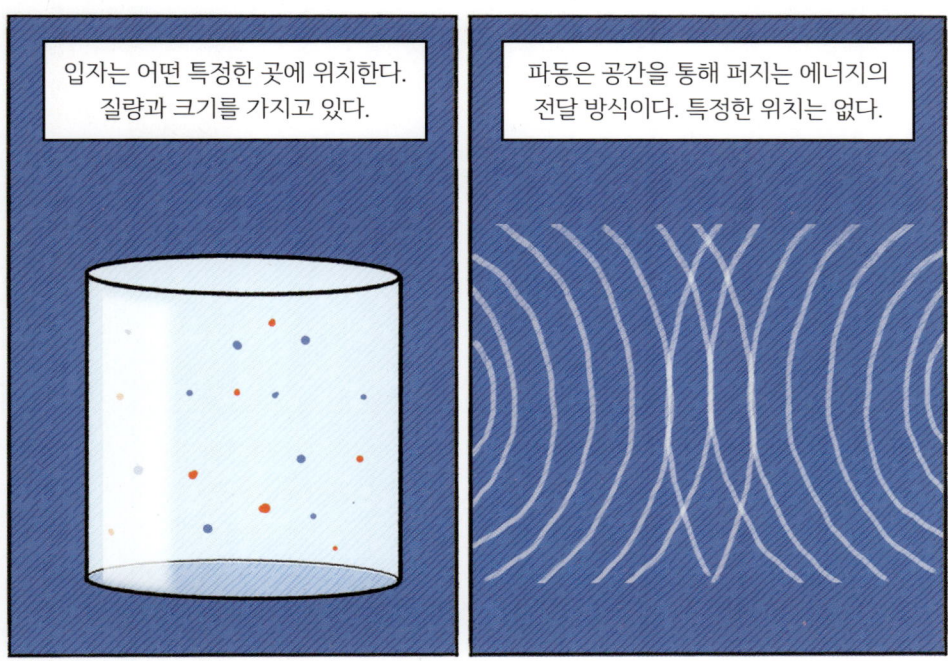

우선 알파가 보기에 빛은 입자 같지는 않았다. 예를 들어 입자로 이루어진 돌멩이는 두 개가 강하게 부딪히면 깨지거나 튕긴다. 그러나 파동으로 이루어진 물결은 서로 부딪힌다고 해서 깨지거나 튕기지 않는다. 다른 물결과 만나면 스르륵 어울리기는 것이 파동의 특징이다.

그런데 만약 빛도 파동이라면 매질이 필요할 것이다. 매질은 파동이 전파되기 위해 필요한 물질을 뜻한다.

매질이 없으면 파동도 없다. 예를 들어 공기라는 매질이 없는 진공 상태에서는 소리가 전달되지 않는다.

알파의 고민을 가만히 듣고 있던 마스터가 말했다.

"그래서 옛날 사람들이 에테르를 생각했던 거잖아."

"에테르? 그게 뭔데?"

알파는 처음 듣는 단어에 고개를 갸웃했다.

알파는 기가 막혀서 웃음이 다 나왔다.

"품, 엉터리. 그런 게 있을 리 없잖아."

"맞아. 에테르라는 건 처음부터 없었지. 하지만 아주 오랫동안 사람들은 빛이 파동이라 믿었으니 매질로써 에테르가 있어야 한다고 생각했어. 실험으로 밝혀지기 전까진 말이야."

"이상한 일이었지. 당시 사람들은 우주는 에테르로 가득 차 있고 이 에테르가 빛을 전달해 준다고 믿었어. 하지만 에테르가 없다면 어떻게 되는 걸까? 빛이 파동이 아니라면 입자가 맞는 걸까? 혹시 빛은 입자이기도 하고 파동이기도 한 걸까?"

마스터는 알파의 어깨 위로 쪼르르 올라가 꼬리를 흔들었다. 알파는 눈부시다는 듯 손으로 차양을 만들어서 먼 곳의 빛을 보았다. 빛은 호수 안으로 투과되기도 했고, 물결 위에서 만져질 듯 반짝이는 윤슬을 만들어 내기도 했다.

빛이란……. 신기하구나.

빛이라는 거대한 에너지는 그 어떤 매질도 존재하지 않는 텅 빈 공간을 무서울 만큼 빠른 속도로 달려와 이곳에서 물결치고 있었다.

어마어마한 신비가 이 세계를 가득 채웠다.

그리고 이 모든 움직임 안에서도 빛의 속도는 일정했다.

알파는 입자의 성질도 있고 파동의 성질도 있는 이 빛에 자신의 신호를 살짝 태워 보내기로 마음먹었다. 이 신호는 우주 밖으로 빠져나가 세상에서 가장 빠른 속도, 무려 초속 30만 킬로미터의 빠르기로 달려갈 것이다.

　리사가 어깨를 으쓱하더니 말하기 시작했다.
　"속도라는 것은 말야. 거리를 시간으로 나눈 거잖아. 수식으로 하면 '시간 분의 거리!' 다시 말해 거리를 알고 시간을 알면 관측 대상의 속도를 알 수 있다는 거지. 그런데 거리를 알려면 기준이 되는 지점이 있어야 해. 우리는 이 기준점을 '관측자'라고 부르지. 누가 관측자냐에 따라 거리가 측정되고, 그럼 속도도 알 수 있는 거야."
　"아하하……, 뭐, 그, 그렇죠?"
　속사포처럼 쏟아지는 리사의 말에 채가 머리를 긁적였다. 이번엔 또 무슨 엉뚱한 소리를 하려고 이러는 걸까?
　듣고 있던 피노가 거들었다.

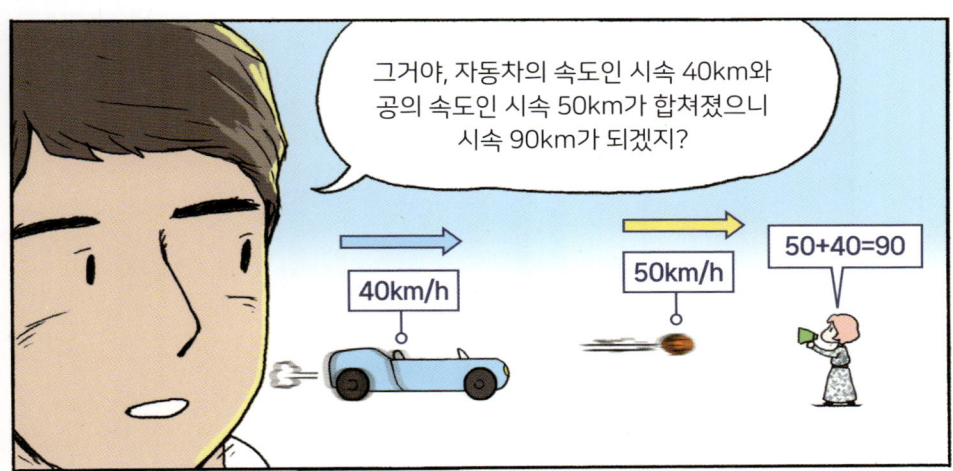

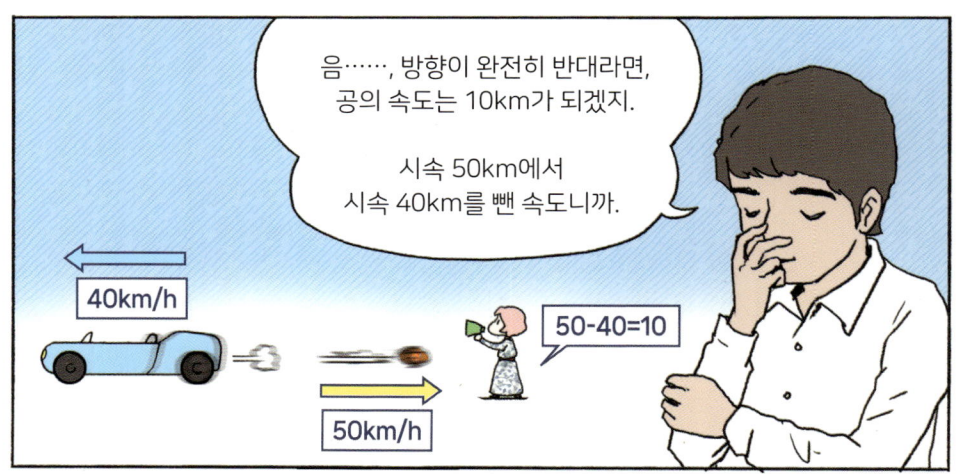

"관측자가 채사장님이라면 채사장님은 관측 대상인 공의 속도를 언제나 시속 50킬로미터로 측정하겠죠. 그런데 관측자가 리사 박사님이라면 앞 실험에선 공의 속도를 시속 90킬로미터로, 뒤의 실험에서는 시속 10킬로미터로 측정할 거예요."

"맞아! 이처럼 속도라는 것은 관측자가 누구냐에 따라, 어떤 상태에 있느냐에 따라 다르게 측정돼."

리사의 말에 채는 고개를 끄덕였다. 땅 위에서 볼 땐 비행기는 엄청난 속도로 움직이지만 그 안에서는 그 속도가 느껴지지 않는다. 비행기에 탄 승객에겐 속도가 0인 것이다.

채는 나지막이 중얼거렸다.

"누가 측정했느냐에 따라 속도는 변하지. 그런데 빛은 어떻게 속도가 항상 초속 30만 킬로미터로 고정되어 있을 수 있는 것일까? 왜 정지해 있는 관측자나, 움직이는 관측자나 모두에게서 같은 속도로 측정되는 걸까?"

셋은 낮은 담벼락에서 계속 이야기를 나누었다.

얼마나 이야기에 열중했는지, 아까부터 앞에 서 있었던 꼬마 아이를 못 볼 정도였다. 뒤늦게 아이를 발견한 리사가 친절한 목소리로 말했다.

"어머, 이 동네 아이인가 봐. 우리 얘기가 재미있었나?"

곱슬곱슬한 머릿결을 가진 아이는 아무런 말도 없었다. 어쩐지 생각이 많아 보이는 아이였다.

아이는 가만히 채의 눈을 보더니 고개를 살짝 끄덕였다. 마치 말을 못하는 것처럼 그동안 입을 꾹 다물었던 아이는 나침반을 보더니 그제야 환한 미소를 지었다.

그러고는 또박또박 예쁜 목소리로 이렇게 말하는 것이었다.

그러더니 아이는 바닥에 돌멩이 하나를 집어서 리사의 손 위에 올려 놓았다.

"아까 제 이름 물어보셨죠? 이게 제 이름이에요."

아이는 작은 손으로 일행들에게 인사를 건네더니 아장아장 다른 방향으로 걸어갔다.

'저 아이가 그럼 아인슈타인이라고?'

채는 놀라 멀어져 가는 아이의 뒷모습을 바라보았다. 알파는 무엇 때문에 이곳으로 신호를 보낸 걸까? 아인슈타인을 만나면 알파를 찾으러 갈 힌트를 얻을 수 있을까?

그런데 지금 신호를 찾는 것보다 더 급한 일이 있어 보였다. 가장 존경하는 과학자의 어린 시절을 만난 리사가 극도의 흥분 상태에 빠져 있었기 때문이다.

빛의 속도

○ 입자와 파동

19세기 말부터 '빛'에 대한 연구가 진행되었어요. 지금은 빛이 파동과 입자의 성질을 모두 갖고 있다는 게 밝혀졌지만 그때만 해도 사람들은 빛이 소리와 같은 '파동'이라고 생각했어요. 호수에 돌을 던지면 동그란 물결이 주변으로 점점 넓게 퍼져 나가지요. 이 물결이 바로 파동이에요. 공기를 울리며 귀까지 전달되는 소리도 파동이라고 볼 수 있어요.

○ 에테르를 찾아라

파동이 전달되려면 '매질'을 통해야 해요. 물결은 물이 매질이고 소리는 공기가 매질이지요. 빛이 파동이라고 생각했던 19세기 사람들은 태양 빛을 우주로 전달해 주는 보이지 않는 매질이 있다고 생각했어요. 그리고 이 매질을 에테르(ether)라고 불렀답니다.

○ 마이컬슨과 몰리의 실험

1887년 알버트 마이컬슨과 에드워드 몰리는 에테르를 실제로 검증하기 위해 실험을 진행했어요. 지구가 에테르 속을 움직일 때, 빛의 속도에 차이가 생길 거라고 가정했고, 여러 시간대와 위치에서 빛의 속도를 측정하는 실험을 반복했지요. 그런데 아무리 실험을 해도 에테르는 발견되지 않았어요. 그리고 빛의 속도가 언제나 일정하게 관측된다는 사실을 알게 되었지요. 그런데 참 이상하지요? 속도는 관측자에 따라 변하는데 빛의 속도는 누가 언제 관측하든 늘 30만km라는 절대 속도를 유지한다는 건 이상한 일이었어요.

마스터의 보고서

빛은 무엇일까?

프리즘 실험을 하는 아이작 뉴턴 1666년 뉴턴은 태양광을 프리즘에 통과시키면 무지개와 같은 연속적인 빛의 색 띠가 나타나는 현상을 발견했다.

하늘에서 쏟아지는 햇빛, 동굴 속 어둠을 밝히는 횃불, 비온 후 하늘에 걸린 무지개, 거울 속에 비치는 내 모습. 이 모든 것은 빛에 의한 현상이다. 빛은 어떻게 우리를 볼 수 있게 하는 것일까?

과학자들은 빛이 입자인가 파동인가로 오래전부터 논쟁을 계속해 왔다. 17세기 최고의 과학자 뉴턴은 빛이 아주 작은 '입자'의 흐름이라고 말했다. 뉴턴은 작은 구멍에 햇빛이 들어오게 한 후, 이 빛을 프리즘에 통과시켰다. 그러자 흰색 빛이 빨간색에서 보라색까지 무지갯빛으로 분산되었다. 뉴턴은 각각의 색깔은 빛의 다른 입자들이며 프리즘이 입자들을 다른 각도로 굴절시켰다고 설명했다.

하지만 이후 1801년 토마스 영은 이중 슬릿 실험을 통해 빛이 '파동'이라고 주장했다. 이중 슬릿 실험의 결과로 여러 개의 간섭 무늬가 나왔는데 이는 파동일 때만 나올 수 있는 무늬였기 때문이다. 아인슈타인은 특정 금속에 빛을 비추면 전자가 방출되는 현상인 광전 효과를 통해 빛이 '입자', 즉 광자로 구성되어 있다고 주장하였다. 그렇다면 빛은 입자일까, 파동일까? 19세기 후반과 20세기 초반에 들어서면서, 빛은 파동이며 입자라는 빛의 '이중성'의 개념이 받아들여지게 되었다. 빛은 전자기파의 기본 단위인 '광자'로 질량은 없지만, 빛의 에너지를 파동인 전자기파 형태로 전달한다.

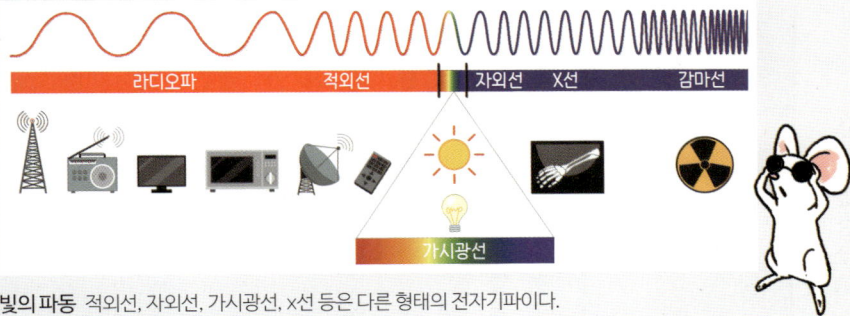

빛의 파동 적외선, 자외선, 가시광선, x선 등은 다른 형태의 전자기파이다.

Break Time
속도를 구하라!

속도란 무엇일까? 어렵고 복잡해 보이지만 간단한 공식에 대입하면 우리 모두 속도를 구할 수 있어. 다음 예시를 잘 보고, 퀴즈를 풀어 보자!

잠깐! 속도는 한 물체가 일정 시간 동안 이동한 거리를 시간으로 나눈 값이야.

$$속도 = \frac{거리}{시간}$$

- **속도** 물체가 움직이는 빠르기! (단위는 m/s, km/h 등)
- **거리** 물체가 이동한 거리! (단위는 m, km 등)
- **시간** 이동하는 데 걸린 시간! (단위는 초, 시 등)

Q. 어떤 차가 2시간 동안 100km를 이동했다면, 차의 속도는 얼마일까?

A. 거리는 100km, 시간은 2시간입니다.
100km ÷ 2시간 = 50km/h
이 차의 속도는 시속 50km입니다.

퀴즈1
마스터가 한 시간 동안 열심히 달려서 2km를 달렸어.
마스터의 속도는 얼마일까?

퀴즈2
채가 자전거를 타고 두 시간 동안 40km를 이동했어.
채의 자전거 속도는 얼마일까?

이상한 과학자들

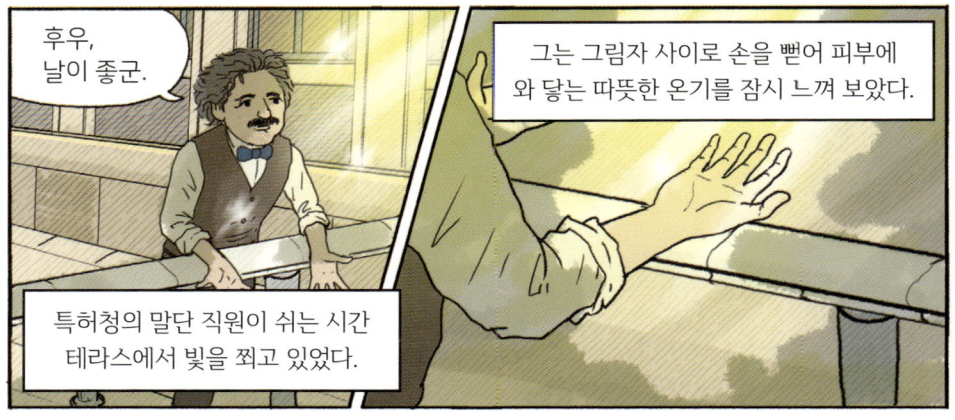

　이 남자의 이름은 알베르트. 그는 열여섯 살부터 빛에 심취해 있었다. 지금도 그의 표정은 고요하게 미소 짓고 있었지만 머릿속은 요란스럽고 분주했다. 밤이고 낮이고 떠오르는 폭발적인 호기심이 왕성하게 펼쳐지고 있었으니까.

　빛은 무엇인지, 어떻게 언제 어디서든 동일 속도를 갖게 된 건지, 총에서 총알이 발사되듯 빛의 입자도 광원으로부터 방출되는 건지, 풀고 싶은 수수께끼가 너무도 많았다.

어린 시절부터 남다른 호기심을 가졌던 알베르트였다. 대학에서 좀 더 연구를 하고 싶었지만 결혼을 한 후엔 아내와 아이를 먹여 살리는 게 급선무였다. 그래서 간신히 얻은 일자리가 바로 이 특허국이었다.

가장 낮은 직급이었지만 출세에는 관심이 없었던 알베르트에겐 만족스러운 자리였다. 일은 다양하고 재미있었으며 여러 가지 아이디어도 얻을 수 있었다. 게다가 특허신청서 일을 빨리 마무리하면 낮 시간에도 과학 연구를 할 수 있는 것 또한 달콤한 혜택이었다. 알베르트는 책상 위에 종이를 잔뜩 늘어놓고 무언가를 끼적이며 사고 실험을 하다가 사람이 다가오면 종이를 황급히 서랍 속으로 감추곤 했다.

"네? 제가 뭘 도와드릴까요?"

알베르트가 묻자 분홍색 머리를 한 여성이 활짝 웃으며 서류 뭉치를 들이밀었다.

"특허를 받고 싶어서요. 오호호! 놀라지 마세요. 저희가 정말 엄청난 걸 생각해 냈거든요."

알베르트는 조금 당황하며 서류를 받았다.

"그게, 제가 그 업무를 담당하긴 하는데……."

제대로 된 신청 절차를 밟지도 않고 다짜고짜 특허를 받겠다는 이 사람들을 어떻게 해야 할지 곤란한 알베르트였다. 한편으로는 도대체 어떤 발명품인데 이러는지 궁금하기도 했다.

 "안타깝습니다만 선생님, 톱니바퀴를 이용한 기계 시계나 수은 시계 등 다양한 시계들은 이미 개발되어 있어요."

 그러나 여성은 발끈하며 대답했다.

 "아니에요. 제가 생각한 시계는 훨씬 더 특별해요. 광자 시계라고요!"

 "광자 시계요? 빛 입자로 시간을 잰단 말인가요?"

"예를 들어 위에서 출발한 광자가 한 번 바닥을 칠 때를 1초라고 측정하는 거예요."

"오, 그거 재미있군요."

알베르트의 눈이 반짝 빛났다. 아직 레이저라는 것이 없을 시대였다. 그러나 알베르트는 입자의 특성을 띠는 빛은 일직선으로 진행한다는 것을 알고 있었다. 알베르트는 주섬주섬 그들이 내민 서류 뭉치를 챙겼다. 어서 자신의 자리로 돌아가 이 재미있는 아이디어를 꼼꼼하게 살펴보고 싶은 마음뿐이었다.

"어머나, 세상에! 갈게요. 저희 시간 많아요! 가야죠!"

리사는 거의 비명을 질렀고 채와 피노도 반가운 마음에 격하게 고개를 끄덕였다. 그가 초대한 모임이 어떤 곳인지 잘 알고 있었기 때문이다.

'베른 올림피아 아카데미'. 베른 특허청 시절 아인슈타인이 가깝게 지내던 과학자 친구들과 종종 모여 최신 물리학과 고전 과학에 대해 이야기하고 토론하는 모임이었다. 그들은 과학뿐 아니라 철학이나 예술 분야의 책을 읽고 이야기하기도 했고, 토론이 끝나면 알베르트가 멋진 바이올린 연주를 선보이기도 했다.

"이 분들은 우리 특허청을 찾아온 과학자들이시네. 아주 특별한 아이디어를 생각해 내셨더라고. 상상은 해 봤나? 빛을 반사시켜서 시간을 재는 광자 시계 말이야."

동료 과학자들이 흥미로운 눈으로 그들을 바라보자 채는 조금 멋쩍어서 머리를 긁적였다. 알베르트는 감격에 차서 계속 이야기를 이었다.

"아까 그 아이디어를 듣고 하루 종일 여러 가지 상상에 사로잡히고 말았네. 정말 대단했어!"

"흐음……."

알베르트는 흥분을 가라앉히지 못하고 말했지만 그 이야기를 듣는 동료들의 표정은 좋지 않았다. 다른 곳을 보며 생각하는 사람, 괜스레 마른기침을 하는 사람, 냉랭하게 다른 곳을 보거나 심지어는 잔뜩 화난 얼굴로 벌컥벌컥 냉수를 마시는 사람까지 있었다.

그의 동료 중 한 사람이 참지 못하고 말했다.

"이봐, 대체 그게 무슨 소린가. 뉴턴은 시간과 공간은 절대 바뀌지 않는다고 했어."

그렇다. 시공간의 개념은 정해져 있다는 것이 당시의 상식이었다. 뉴턴이 쓴 책에 이 모든 내용들이 나와 있기 때문이었다. 다른 동료들도 거들며 말을 보탰다.

"자네 말대로라면 뉴턴이 틀렸다는 건가?"

"알베르트. 자네 너무 나간 거 아냐?"

활기에 가득 차 있던 알베르트는 곤란한 얼굴이 되었다.

　즐거웠던 분위기는 어느덧 가라앉았고 자유롭게 오가던 대화도 어색해지자 채는 분위기를 바꿀 겸 커피를 주문했다.
　"자자, 이 커피는 제가 사는 겁니다."
　채는 주전자를 직접 들고 한 사람 한 사람 조심스럽게 커피를 따라 주었다. 채의 커피에는 마법의 힘이라도 있는 것일까. 고조되었던 사람들의 말투는 다시 차분해지고 표정도 느긋해졌다. 알베르트는 채에게 살짝 속삭였다.

그리고 뭐….

뉴턴이 틀릴 수도 있죠.

한 모금 커피를 들이키던 알베르트는 잠시 생각에 잠긴 것 같았다.

그래 맞아.
뉴턴이 틀릴 수도 있는 거야.
과학은 늘 기존의 상식을
뒤집으며 발전해 왔어.

빛의 속도가
변하지 않는다면
다른 것이
바뀌는 게 맞아!

　알베르트의 머릿속엔 신비로운 생각으로 가득 차 있었다. 더 늦기 전에 이 모든 걸 정리하고 더 많은 생각으로 확장시키고 싶었다. 어느덧 제법 늦은 저녁 시간, 그의 발걸음은 생각의 속도만큼 빨라졌다. 알베르트는 베른의 밤거리를 달리듯 걸으며 집으로 향했다. 주변은 어두웠지만 그의 머릿속은 백만 개의 전구를 켜 놓은 듯 환하게 빛났다.

　그는 아주 오래 전부터 고민했던 특수 상대성이론을 하나하나 꺼내어 생각하기 시작했다. 속도가 일정하면 다른 것이 바뀐다. 거리, 시간, 그리고 질량!

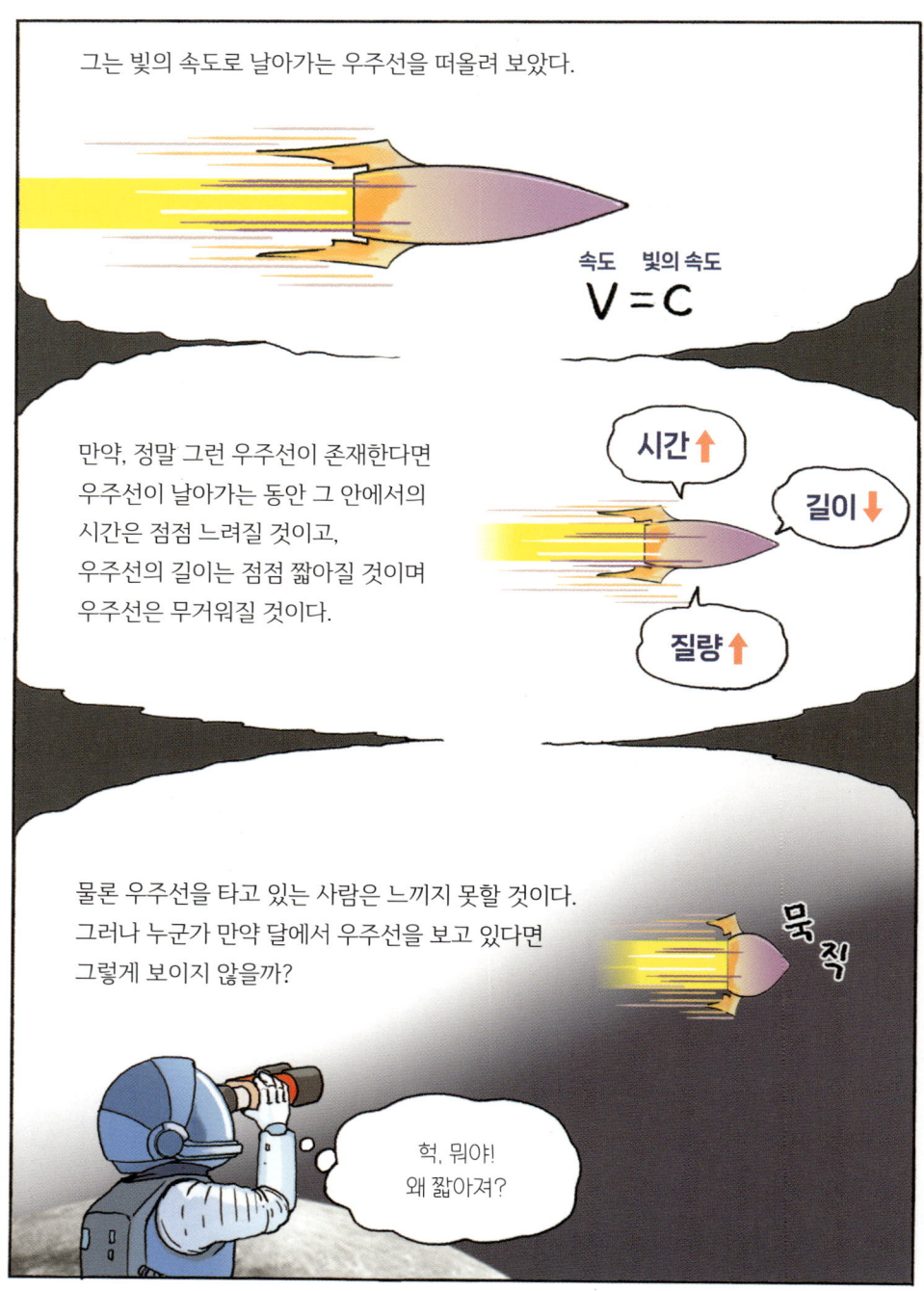

빠르게 걷던 그는 천천히 걸음을 멈추었다.

'후후, 그런데 질량이 0인 존재가 세상에 어디 있어?'

생각이 여기까지에 이르자 조금 맥이 빠진 알베르트였다. 세상의 모든 입자는 아주 작아도 질량을 지니고 있기 때문이다. 단지 우리가 측정하지 못할 뿐이다.

'타앗!'

그 순간 그의 눈에 한 줄기 빛이 들어왔다. 이 컴컴한 곳에 웬 빛일까?

 "아, 멋지군요. 고맙습니다."

 알베르트는 손전등을 이리저리 비춰 보았다. 어떤 장치가 내장된 것인지 빛은 특유의 직진성을 보이며 앞으로 나아갔다.

 알베르트는 그 빛에 손을 대어 보았다. 그렇게 빠르게, 멀리 나아가는 에너지인데도 어떤 무게도 느껴지지 않았다. 알베르트의 머릿속에 갑자기 번쩍 하고 빛이 켜졌다.

　그렇다. 빛에는 질량이 존재하지 않는다. 빛의 속도가 항상 c인 이유는 정지 질량이 0이기 때문이었다. 질량이 있는 입자는 에너지가 증가함에 따라 속도가 증가하지만, 빛은 질량이 없기 때문에 항상 최대 속도 c로 이동할 수 있었던 것이다. 정지 질량이 0인 입자는 아무리 에너지를 낮추더라도 절대 정지할 수 없으며 항상 광속으로 이동하기 때문이다. 이제 그는 당장이라도 머릿속에 복잡하게 얽혀 있던 특수 상대성이론을 완성할 수 있을 것 같았다.

 1905년. 과학계에서 '기적의 해'로 불리는 시기다. 고작 1년이라는 짧은 시간 안에 알베르트 아인슈타인은 네 개나 되는 중요한 논문을 발표했다. '광전 효과 이론' '브라운 운동 이론' '진동과 물리적 조건에 관한 이론' 그리고……, '상대성이론'!

 물론 무명 과학자의 논문은 처음부터 큰 주목을 받지는 못했다. 게다가 기존의 뉴턴 역학의 결과와 일치하긴 했지만 그가 제시했던 체계는 너무 파격적이었고, 이해하기도 어려웠다. 그러나 천천히 여러 실험으로 그의 이론이 증명되었고, 결국 물리학의 핵심 이론으로 자리 잡게 되었다.

 이때의 아인슈타인의 나이는 고작 26세. 그는 단숨에 과학계의 스타로 떠올랐다.

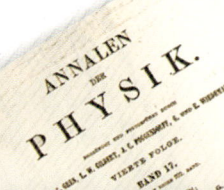

몇 년의 세월이 흘렀다. 이제 알베르트는 더 이상 특허청의 말단 직원이 아니었다. 세계적인 명성의 주인공, 20세기를 대표하는 과학자, 아인슈타인이었다. 그러나 시간이 아무리 흘러도 알베르트가 세상에 밝히지 못한 작은 비밀이 있었다. 자신에게 영감을 안겨 주었던 세 명의 엉뚱한 나그네들을 찾고 싶었지만 일행에 대한 정보는 어떤 것도 남아 있지 않았던 것이다.

아인슈타인은 너무도 혼란스러웠다. 분명히 존재했는데 존재하지 않을 수 있을까? 이처럼 신비로운 일이 과학적으로 가능할까?

위대한 법칙이 탄생했다

○ 특수 상대성이론

빛의 속도는 언제 어디에서 누가 측정하든 초속 30만 킬로미터예요. 20세기에 활동한 아인슈타인은 이러한 빛의 성질을 토대로 사고 실험을 했어요. 그리고 10년 동안 떠오른 생각을 논문으로 정리했어요. 그 논문은 시간과 공간에 대한 우리의 상식을 완전히 뒤엎기에 충분했지요. 바로 특수 상대성이론이에요.

> 1. 빛의 속도 c에 가까울수록 시간이 느려진다.
> 2. 빛의 속도 c에 가까울수록 길이가 짧아진다.
> 3. 빛의 속도 c에 가까울수록 질량이 늘어난다.

빛의 속도는 어디에서 보든 일정해야 하기 때문에 움직이는 사람과 정지한 사람의 시간은 달라져야 한다!

○ 쌍둥이의 역설

20살이 된 쌍둥이 중 한 명은 지구에 있고 다른 한 명은 빛의 속도와 가까운 빠르기로 우주선을 타고 여행을 다녀왔어요. 그렇게 몇 십 년이 지난 후, 우주로 갔던 쌍둥이 형이 돌아왔어요. 그런데 지구에 있던 동생은 60살이 되고, 쌍둥이 형은 40살밖에 되지 않았어요. 왜 그런 걸까요?

동생은 지구에서 40년을 보내며 그만큼의 신체 노화가 진행되었어요. 그러나 빛의 속도에 가깝게 비행하는 우주선 안에 있던 형의 시간은 느리게 흘렀기 때문에 20년만큼의 노화만 진행된 것이지요.

○ 시간 보정

우리가 이용하는 내비게이션은 저 멀리 우주에 있는 인공위성을 통해 지구의 위치를 측정하는 GPS 시스템으로 작동돼요. 이 GPS 위성은 우주 공간에서 아주 빠르게 움직인답니다. 그러다 보니 특수 상대성이론에 따라 지상의 시간보다 미세한 정도로 느리게 흘러가지요. 그렇기 때문에 GPS 시스템은 지연된 시간을 보정하여 우리에게 전달해 주고 있어요. 만약 이 차이를 무시한다면 실제 위치보다 수 킬로미터 이상 차이가 날지도 모르거든요.

내 시간은 지구의 시간보다 천천히 흐르지.

아인슈타인의 생애

1905년의 아인슈타인

현대 물리학의 가장 중요한 인물로 손꼽히는 아인슈타인은 1879년 3월 14일 독일 울름에서 태어났다. 어린 시절 또래보다 말이 늦었고, 학교에서도 크게 두드러지는 학생은 아니었지만, 과학과 수학 실력만큼은 뛰어난 아이였다.

취리히 연방 공과대학교에서 물리학과 수학을 전공했지만 1900년 졸업 후, 한동안 직장을 구하지 못하였고, 아버지의 도움으로 1902년 스위스 베른의 특허청에서 심사관으로 일하게 되었다. 이 시기에 '올림피아 아카데미'라는 모임을 통해 동료들과 함께 과학적, 철학적 주제에 대해 토론하기도 했다. 특허청에 있는 동안 아인슈타인은 사고 실험을 하면서 주요 이론들을 발전시켰다. 사고 실험은 실제 실험이 아니라 상상 속에서 논리적인 이야기를 구상하고 결론을 도출하는 방식을 말한다. 이러한 연구를 기반으로 1905년, 세계를 놀라게 할 네 개의 논문을 발표했다. '광전 효과', '브라운 운동', '특수 상대성이론', '질량-에너지 등가성'에 관련된 논문이었다. 1905년은 뉴턴이 만유인력을 발견한 1666년과 함께 과학사에서 '기적의 해'라고 불리고 있다. 1915년, 아인슈타인은 중력의 본질을 설명하는 '일반 상대성이론'을 발표하였고 이 이론으로 아인슈타인은 세계적인 과학자가 된다.

1933년, 독일에서 히틀러와 나치 정권이 권력을 잡자, 유대인인 아인슈타인은 독일을 떠나 미국으로 이주하였다. 그 후 루스벨트 대통령에게 나치가 핵무기를 개발할 수도 있으니 우리도 서둘러야 한다는 편지를 작성하였는데, 이는 맨해튼 프로젝트로 이어졌다.

제2차 세계대전이 끝나고 아인슈타인은 핵무기의 위험성을 경고하며 평생 동안 평화와 인권 문제를 위해 애썼고 1955년에 사망하였다.

그는 현대 물리학의 기초를 다진 천재 물리학자였으며 인류애의 상징으로 우리들에게 기억되고 있다.

아인슈타인과 오펜하이머 아인슈타인은 세계 평화를 위해 힘썼지만 그의 이론은 핵무기 개발에 결정적인 역할을 하였다.

Break Time
아인슈타인 미로찾기

상대성이론을 발표한 천재 물리학자 아인슈타인! 아인슈타인은 어떤 삶을 살았을까? 꼬불꼬불 미로를 찾으며 아인슈타인의 생애를 만나 보자.

출발 ▽

1879년에 태어나 어린 시절부터 수학과 과학에 관심을 보였어.

1905년, 기적의 해로 불리는 이때, 네 개의 중요한 논문을 발표했어.

나치 정권이 집권하자 미국으로 이주했어.

1915년 일반 상대성 이론을 발표하며 세계적으로 유명해졌지.

제2차 세계대전 이후 다시는 전쟁이 벌어지지 않도록 세계 평화를 위해 힘썼어.

도착

3 일반 상대성이론

시공간이 휘어진다고?

　마스터는 알파를 흘끗 쳐다보았다. 어깨가 축 쳐진 알파는 힘없이 눈을 내리깔았다. 얼마 전까지만 해도 채가 자신의 신호를 받았다며 의기양양한 모습이었는데 지금은 계속 한숨만 푹푹 내쉬는 게 불쌍해 보일 정도였다. 기다림이 너무 오래되었기 때문일까? 하긴, 막연한 느낌만으로 희망을 갖기에는 여러 모로 힘든 상황인 건 맞았다.

마스터는 알파를 달래 줄 양으로 다정하게 다가가서 물었다.

"에이, 왜 또 그래~. 기다리는 게 힘들어서 그래?"

알파는 웬일로 어린아이처럼 순순히 고개를 끄덕였다.

"마스터, 너 유클리드 기하학 알지? 요즘 내가 기하학을 공부하면서 살펴보니까 이런 *공리가 있더라고."

알파는 흙바닥 위에 긴 직선을 스윽 그리더니 조금 떨어진 곳에 평행한 다른 직선도 그었다.

직선 밖의 한 점을 지나며 그 직선에 평행한 직선은 하나뿐이다.

지이이이익

"마스터, 나는 그동안 수많은 신호를 보내 왔는데 이 신호들이 채와 평행한 방향으로 나아갔다면 어쩌지?"

알파는 깊은 한숨을 내쉬었다.

그렇다면 우리는 영원히 닿지 않을 거야. 평행한 두 직선은 절대 만나지 못할 테니까.

*공리 : 수학이나 논리학에서 참으로 받아들여지는 기초적인 문장.

알파는 또 다시 울적한 얼굴이 되었다. 요즘 기하학을 연구한 다더니 엉뚱한 곳에서 별별 생각을 다 하는 것 같았다. 이러다 또 동굴 속에서 며칠 동안 나오지 않는다거나 말없이 강물만 지켜보고 있을 게 뻔했다.

알파는 마스터의 말에 정신이 드는 것만 같았다. 2차원의 세계에서는 영원히 만나지 않는 평행선이 존재하지만, 3차원의 입체 세계가 되면 이야기가 달라진다.

입체는 평면보다 더 복잡하고 다른 개념이 필요하기 때문이다.

뜨겁게 사랑했던 아내와는 이혼 절차를 밟고 있었고, 십 년 전 한 해 동안 기적 같은 논문을 쏟아 낸 젊은 천재였던 그는 새로운 논문을 쓰는 데 어려움을 겪고 있었다.

비유클리드 기하학과 텐서 이론의 계산이 너무 어려웠기 때문이었다.

그때였다.

"으아아아악!"

비명 소리에 흠칫 놀란 아인슈타인이 고개를 돌리자, 하늘에서 한 남자가 떨어지는 게 보였다. 아인슈타인은 순간 자신의 눈을 의심했다. 조금 전까지 떠올렸던 바로 그 사람, 채였기 때문이었다!

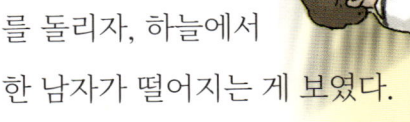

다행히 아래쪽에 탄력 좋은 고무막 같은 것을 잡아 주는 사람이 있어서 그는 안전했다.

나이스 착지!

아인슈타인은 믿을 수 없다는 표정으로 그들 앞에 다가섰다. 이게 어찌된 일이지? 지금 내가 꿈을 꾸고 있는 것일까? 그의 손이 조금씩 떨리는 게 느껴졌다.

"나는……, 실험으로 밝혀진 것만 믿는 사람이오. 그런데 내가 인정할 수 없는 신비로운 무언가가 존재하는 거요? 아님 내 정신이 이상해진 거요?"

　자유 낙하. 중력 외의 다른 힘의 영향을 받지 않고 물체가 떨어지는 운동을 뜻한다. 공기의 저항과 같은 외부 힘이 없다고 가정했을 때, 오직 중력의 영향만을 받는 물체는 일정한 가속도로 떨어질 것이다.

　먼 옛날 갈릴레이는 서로 다른 질량의 물체를 동시에 떨어뜨리면 같은 속도로 땅에 도착한다고 주장했다. 이는 물체의 질량이 낙하 속도에 영향을 미치지 않는다는 것을 의미했다.

　리사의 질문을 들은 아인슈타인은 갑작스럽게 생기를 되찾았다. 그동안 애타게 해결하고자 했던 상대성이론에 대한 이야기였다.

아인슈타인은 활짝 웃으며 신이 나서 말을 이었다.

"그 문제, 안 그래도 내가 고민하고 있던 거였소! 일단 내가 상상을 했을 땐, 중력이나 관성이나 가속도나 다 그게 그거더라고. 하하하!"

"다 똑같은 거라고요? 왜요?"

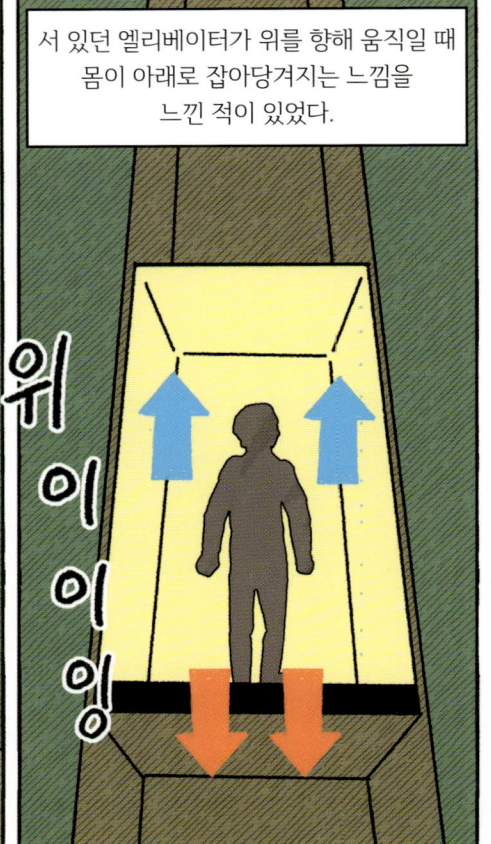

그런데 그때 느낀 힘은 중력일까, 계속 정지해 있으려는 관성력일까, 아니면 엘리베이터의 가속도일까? 엘리베이터 안에 있는 사람으로서는 구분할 수 없었다.

"가속도와 중력은 잘 구분이 안 갈 것 같은데요?"

채가 머리를 긁적이며 말하자, 아인슈타인이 방긋 웃었다.

"그래요! 내 생각도 마찬가지예요!"

이게 바로 그 유명한 일반 상대성이론의 핵심이었다. 아인슈타인에게 직접 상대성이론을 듣게 되다니! 채와 리사는 감격에 겨워 말없이 아인슈타인을 바라보았다.

"너무 어렵지요? 그래, 어려울 거요. 이걸 어떻게 설명하는 게 좋을지……."

아인슈타인은 어쩐지 초조한 듯 주변을 두리번거렸다. 그의 눈앞에 피노가 들고 있는 고무막 같은 게 보았다. 조금 전 떨어지는 채를 받아냈던 탄성 좋은 천이었다.

"여기요, 교수님! 이따 탁구 치려고 가지고 온 게 있어요."

한 학생이 탁구공을 내밀자 아인슈타인의 얼굴이 환해졌다.

"아주 좋아요! 정말 훌륭한 학생이군."

그리고 아인슈타인은 움푹 들어간 천 위에 탁구공도 올려놓았다.

시공간의 곡률……!

그것은 아인슈타인이 생각한 중력이었다. 뉴턴에서 시작된 고전 물리학에서는 질량을 가진 물체들 사이의 힘으로 중력을 설명했지만 아인슈타인은 완전히 다른 개념을 적용한 것이다.

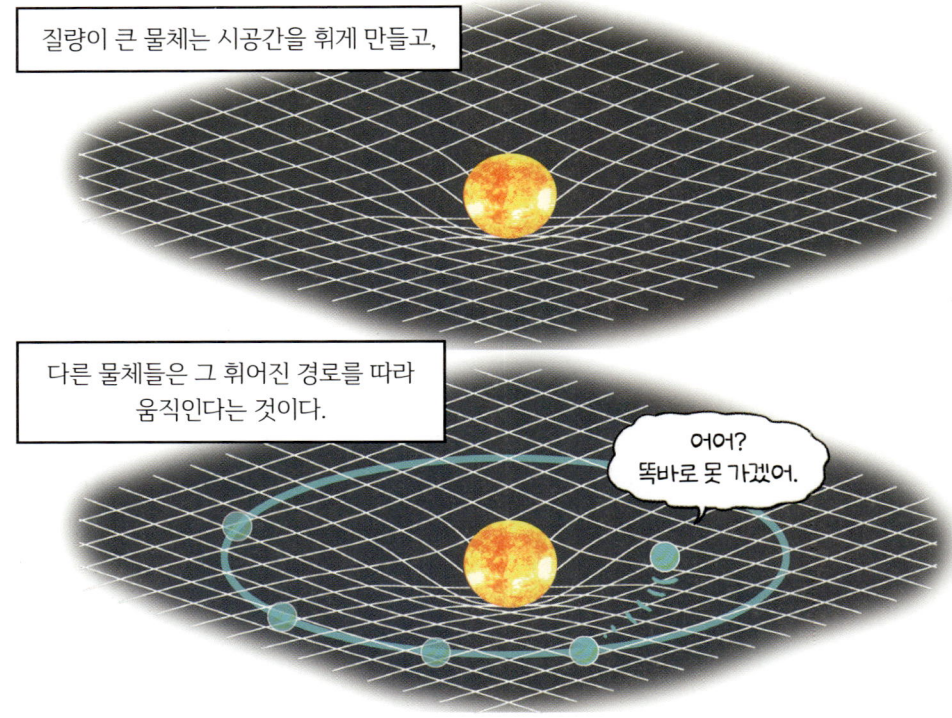

그렇다면 태양처럼 매우 큰 질량을 가진 천체는 그 주변의 시공간을 휘게 만들고, 지구와 같은 행성은 그 휘어진 시공간을 따라 공전하게 된다.

아인슈타인은 얼굴에 미소를 가득 띤 채로 이야기를 이었다.

"만약 질량이 너무 커서 극도로 강한 중력을 가진 특수한 천체가 있다면, 그 주변 시공간은 극단적으로 휘게 되겠지. 빛조차 탈출할 수 없는 천체가 우리 우주에는 존재할 거요."

"아, 그게 바로 블랙……."

채는 말하려던 입을 틀어막았다. 당시 관측 기술로는 블랙홀을 측정할 수 없었다. 그러나 아인슈타인의 상대성이론은 상상만으로 완벽하게 블랙홀의 존재를 예측한 것이다. 그리고 21세기에 이르러서야 인류는 망원경을 통해 처음으로 블랙홀의 이미지를 확인하게 된다.

아인슈타인의 기괴한 행동에 학생들은 공을 챙겨서 빠르게 도망갔다.

"하지만 박사님은 결국 해내실 거예요."

채는 담담하게 말했다. 아인슈타인도 그럴 것을 알고 있다는 듯 끄덕였다. 그는 채와 리사를 바라보며 질문을 던졌다.

아인슈타인은 논문을 완성하기 위해 뒤돌아 연구실을 향해 걸어갔다. 그는 빙그레 웃으면서 가슴 속에 늘 간직하고 있던 한 마디의 말을 중얼거렸다.

"지식보다 중요한 건 상상력이니까."

시공간의 곡률

○ 일반 상대성이론

1905년 특수 상대성이론을 발표하고 십 년이 지난 1915년에 아인슈타인은 일반 상대성이론을 발표했어요. 특수 상대성이론이 '빛'에 대한 이론이라면, 일반 상대성이론은 '중력'에 대한 이론이지요. 우주에서 같은 속도로 움직이는 빛은 '특수'한 영역에 속해요. 대부분의 물체들은 속도가 느려지거나 빨라지는 등 변화하는 가속도 운동을 하거든요. 일반 상대성이론은 '일반'적인 가속에 대한 이론 중에서도 특별히 중력을 받는 물체에 대해 탐구하는 내용이에요.

```
속도 ┬ 등속도(빛) ── 특수 상대성이론
     └ 가속도(중력) ── 일반 상대성이론
```

○ 시공간의 휘어짐

중력과 가속도는 구분되지 않아요. 이 새로운 생각은 그동안 파악하기 어려웠던 중력이라는 힘에 대해 잘 알 수 있게 해 주었어요.

우리는 앞서 속도가 매우 빨라지면 시간과 공간이 변화한다는 것을 배웠어요. 그런데 속도와 중력을 구분할 수 없다면 어떨까요? 중력이 매우 강해진다면 시간도 느려지고 공간도 변화할 거예요. 결론적으로 중력은 '시공간의 휘어짐'이라는 뜻이지요.

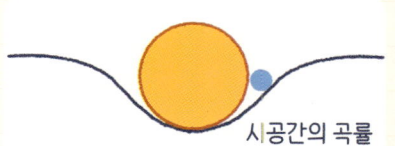
시공간의 곡률

○ 빛이 휘어진다?

영국의 과학자 아서 에딩턴은 1919년 개기일식이 있던 날, 태양의 중력에 의해 별빛이 휘어지는 현상을 관측했어요. 빛은 질량이 없으므로 뉴턴 역학에 따르면 중력의 영향을 받지 않아요. 하지만 빛이 중력에 의해 휘어졌다는 것은 중력이 물체를 끌어당기는 힘이 아니라 시공간의 휘어짐이라는 게 증명된 셈이지요.

블랙홀의 존재를 밝히다

알베르트 아인슈타인이 1915년에 발표한 일반 상대성 이론은 중력의 본질에 대해 설명해 주는 이론이었다. 중력은 시공간의 휘어짐으로, 중력이 큰 물체는 공간을 휘게 만들고 그 휘어진 공간은 다른 물체들의 움직임에 영향을 끼친다. 이후 이 이론을 바탕으로 블랙홀의 존재, 우주의 팽창과 같은 다양한 현상들을 예측하고 파악할 수 있었다. 과학자들은 계산을 통해 아주 무거운 별이 작은 크기로 압축되면 중력이 강해지고, 그 강해진 중력 때문에 빛조차 빠져나올 수 없는 곳이 생긴다는 것을 알게 되었다. 그리고 이것을 '블랙홀'이라고 이름 붙였다.

블랙홀이란 이름은 '검은 구멍'이란 뜻을 가지고 있지만 실제로 우주 공간이 구멍처럼 뚫려 있는 것은 아니다. 수명을 다한 큰 별은 마지막에 폭발을 일으키는데 이 과정에서 별의 중심부가 아주 작은 공간으로 압축되면서 어마어마한 중력을 가지게 된다. 그 중력으로 인해 블랙홀 근처에 있는 모든 것들은 블랙홀 내부로 빨려 들어가 다시는 빠져나올 수 없다.

이러한 블랙홀의 존재는 확실히 증명하기 어려웠다. 왜냐하면 우리가 '본다'는 것은 물체에 닿아서 반사되는 빛을 감지하는 것인데 블랙홀은 빛이 빠져나오지 않는 천체니 관측 자체가 불가능했기 때문이었다. 그러나 시간이 지나며 관측 기술이 발전했고 별들이 특이한 방식으로 이동한다는 것을 발견할 수 있었다. 예를 들면 어떤 별들은 보이지 않는 강한 중력에 이끌려 평소보다 빠르게 이동하기도 했는데, 이 움직임을 통해 과학자들은 블랙홀이 정말로 존재한다는 것을 확인할 수 있었다. 2019년에는 '이벤트 호라이즌 망원경'이라는 특별한 망원경 네트워크를 통해 블랙홀의 이미지를 직접 촬영하기도 했다.

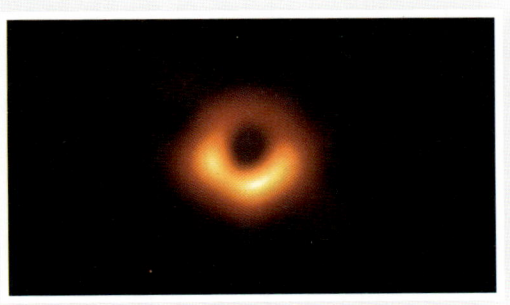

이벤트 호라이즌 망원경으로 촬영한 블랙홀 도넛 모양으로 동그랗게 빛나는 가스와 검은 그림자로 이루어져 있다.

Break Time
알쏭달쏭 중력 퀴즈!

질량을 가진 모든 물체가 서로를 끌어당기는 힘, 중력! 그런데 아인슈타인은 중력은 시공간의 휘어짐이라고 말했어. 이 휘어진 시공간 안에서 물체들은 어떻게 움직일까? 피노가 내는 퀴즈를 맞히면서 중력에 대해 알아보자!

지구의 중력은 왜 물체를 아래로 끌어당길까?

① 지구는 자석이기 때문이야.
② 지구 중심이 중력의 중심이기 때문이야.
③ 태양이 지구를 끌어당기기 때문이야.

아인슈타인의 일반 상대성이론에 따르면 중력이 큰 물체는 시공간을 어떻게 변화시킬까?

① 시공간을 휘게 만들어!
② 휘어진 시공간을 평평하게 만들지.
③ 시공간을 멈추게 해!

달에 가면 지구에서보다 훨씬 높게 점프할 수 있어. 그 이유는 무엇일까?

① 달에 공기가 없기 때문이야.
② 달의 중력이 지구보다 강하기 때문이야.
③ 달의 중력이 지구보다 약하기 때문이야.

블랙홀에 대해 올바르게 설명한 것을 골라 줘!

① 블랙홀은 밀어내는 힘이 강해.
② 블랙홀은 강력한 중력 때문에 빛조차 탈출할 수 없어.
③ 블랙홀은 우주에서 가장 밝은 천체야!

4 양자역학

거시 세계 vs 미시 세계

알파는 오늘도 고민하고 있었다. 빛은 파동인가 혹은 입자인가 하는 문제 때문이다. 요즘 매일 이 문제로 머리를 쥐어뜯을 정도로 고민하지만 뾰족한 답은 나오지 않았다.

입자는 아주 미세한 크기의 물체이고 작아도 질량을 갖는다. 그리고 파동은 에너지의 흐름이다.

빛은 물방울을 만나 굴절하고, 반사되고, 또 다시 굴절되어 무지개를 만든다. 이런 걸 보면 빛은 확실히 파동의 성격을 띠고 있는 것 같았다. 하지만 햇빛에 먼지 입자가 반짝이며 산란되는 것을 보면 또 입자 같기도 했다.

알파는 고민 끝에 실험을 하나 해 보기로 했다. 얇은 판에 가느다란 직사각형 모양의 구멍을 두 개 뚫고, 그 판을 어둡고 평평한 동굴 벽에 설치했다.

알파는 생각했다. 만약 빛이 입자라면 입자 중 일부는 가느다란 구멍을 통과할 것이고, 또 다른 일부는 벽에 부딪힐 것이다. 그럼 결론적으로는 벽엔 두 줄짜리 직사각형 무늬가 생긴다.

하지만 파동이라면 얘기가 다르다. 파동끼리는 서로 합쳐지기도 하고 증폭되기도 하니 여러 개의 무늬가 생길 것이다.

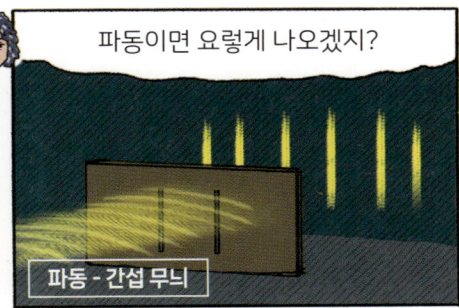

알파의 실험을 슬쩍 본 마스터는 아는 체를 했다.

"이중 슬릿 실험이네? 이거 되게 유명한 고전 실험이잖아."

"그, 그래? 빛은 입자인지 파동인지 헷갈렸는데 이 실험을 해 보니까 파동인 걸로 나오더라고."

알파의 말에 마스터는 쿡 하고 웃음을 터뜨렸다.

"아냐, 꼭 그런 건 아니야. 빛에는 입자의 성격도 있고 파동의 성격도 있거든."

그 말은 알파도 부정할 수 없는 사실이었다. 오래 살면 살수록 확실히 그랬다. 정확하게 파악할 수 있을 것 같으면서도 뒤돌아서면 다시 알 수 없는 것이 우리의 세계였다.

"대체, 왜 그런 걸까? 왜 이 세계엔 확실한 게 없는 거야?"

"이 세계를 이루고 있는 작디작은 소립자들이 워낙 요망하고 알기 어렵잖아. 그래서 그런 게 아닐까?"

"소립자라고? 그게 대체 뭐길래……."

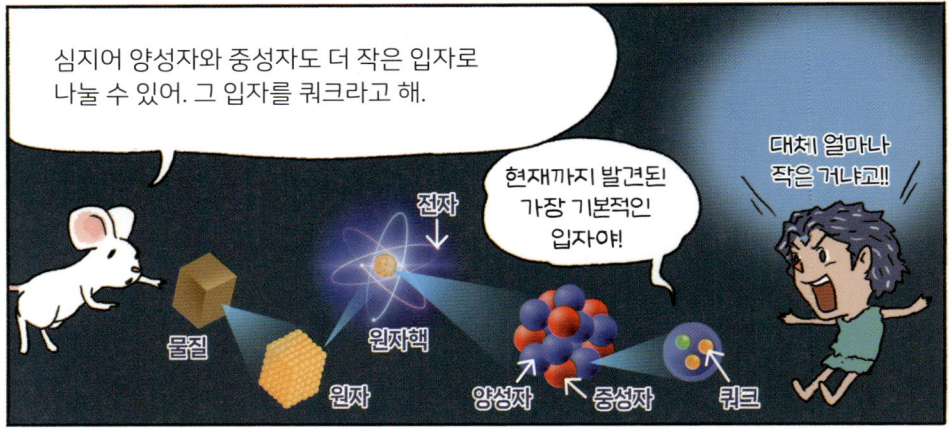

또 그 문제라니. 알파는 피식 웃으며 대답했다.

"무슨 질문이 그렇게 싱거워? 당연히 입자지!"

"그치? 입자일 것 같지? 많은 과학자들도 그렇게 생각했어. 그래서 아까 네가 한 것과 똑같은 이중 슬릿 실험을 해 봤대."

마스터는 간신히 알파를 진정시키고 흐르는 땀을 닦았다.
"정말 이상하지? 그런데 이게 바로 미시 세계라는 거야!"
알파는 침을 꿀꺽 삼키더니 떨리는 목소리로 물었다.
"파동인 동시에 입자인 세계?"
"맞아. 상자를 열기 전까지는 아무것도 알 수 없지."

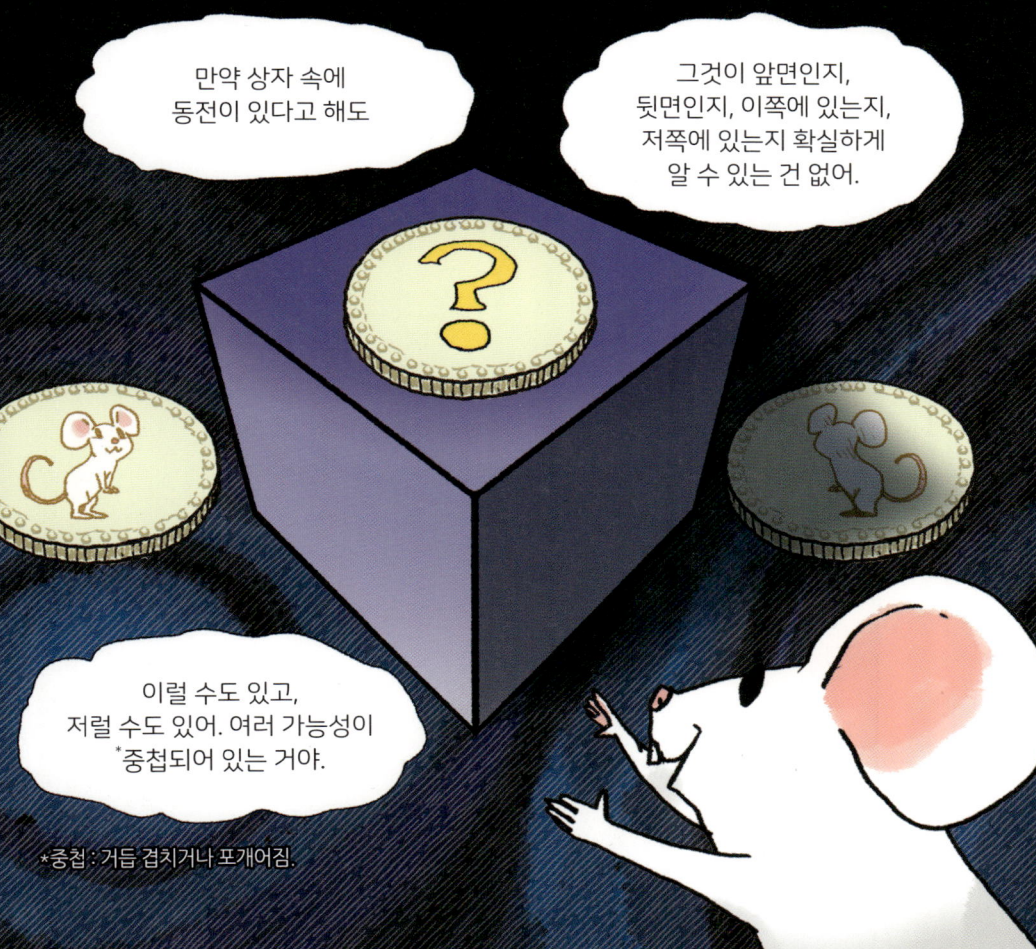

만약 상자 속에 동전이 있다고 해도

그것이 앞면인지, 뒷면인지, 이쪽에 있는지, 저쪽에 있는지 확실하게 알 수 있는 건 없어.

이럴 수도 있고, 저럴 수도 있어. 여러 가능성이 *중첩되어 있는 거야.

*중첩 : 거듭 겹치거나 포개어짐.

"상자를 열어 관측하는 바로 그 순간, 중첩 상태는 깨지고, 파동 함수는 붕괴되고, 비로소 하나의 상태로 확정이 되겠지."

"하하, 그게 무슨 말도 안 되는……."

알파는 얼떨떨한 얼굴로 한참 동안 마스터를 바라보았다. 갑자기 존재하는 모든 것이 혼란스러웠다. 원자보다 더 작은 세계에서는 확실한 게 아무것도 없다니. 그럼 원자로 이루어진 우리는 어떻게 되는 걸까?

모든 것이 불확실해지는 느낌이었다.

알파는 모든 것이 막막했지만 다행스럽게도 피노는 그동안 받은 모든 신호를 차곡차곡 분석하고 있었다.

이번에 채 일행이 향한 곳은 예전에 한 번 들린 적 있었던 우주 센터였다. 충분히 신호가 쌓였기 때문에 좌표 분석을 하기 위해 찾아간 것이었다.

채는 어안이 벙벙했다.

"아, 알파가 정말 다른 우주에 있다고?"

그럼 대체 얼마나 멀리 떨어져 있는 것인가? 채는 정신이 아찔할 지경이었다. 아니 실제로 다중 우주라는 것이 존재하기는 하는 걸까? 상상하는 것조차 어려웠다.

모두에게 어려운 양자역학이었지만 채는 자신이 알고 있는 부분만큼이라도 이야기를 해 보기로 했다.

"글쎄요, 제가 알기로는 근대까지만 해도 인류는 뉴턴과 아인슈타인이 설명한 물리 법칙에 따라 세계가 움직인다고 믿어 왔어요. 과학자들은 원자나 전자처럼 작은 소립자들도 당연히 그 법칙을 따를 거라 생각했지요. 큰 세계와 작은 세계의 법칙이 따로 적용될 리는 없으니까요."

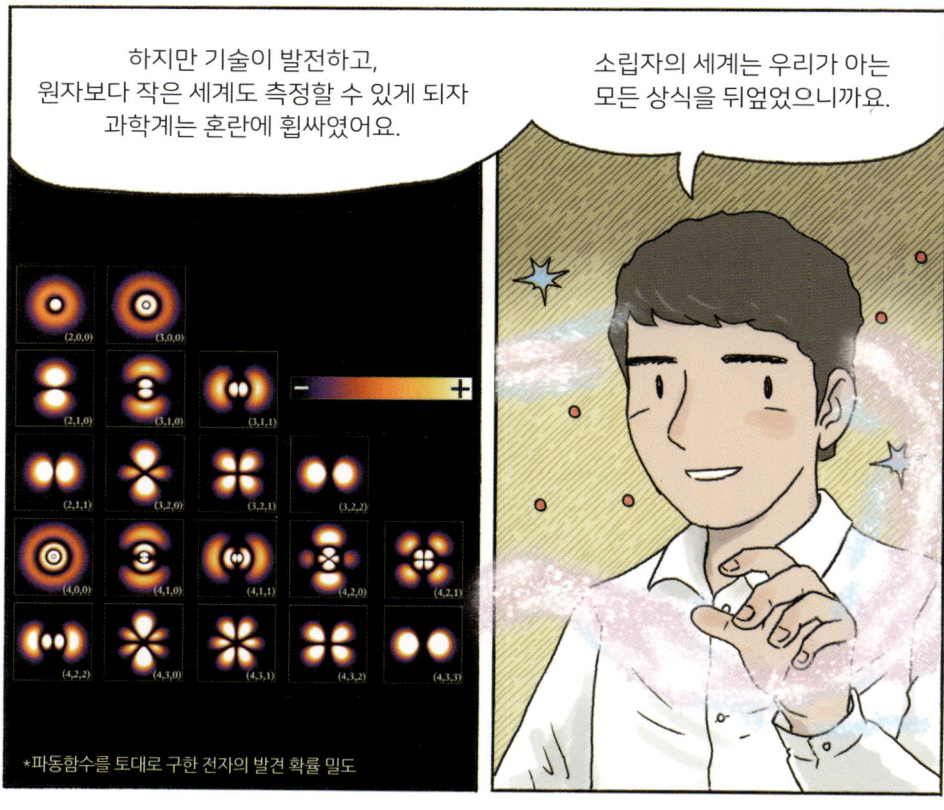

하지만 기술이 발전하고, 원자보다 작은 세계도 측정할 수 있게 되자 과학계는 혼란에 휩싸였어요.

소립자의 세계는 우리가 아는 모든 상식을 뒤엎었으니까요.

*파동함수를 토대로 구한 전자의 발견 확률 밀도

"그런데 소립자의 세계에서는 그 간단한 일도 불가능했어요. 일단 소립자의 크기가 너무 작은 게 문제였죠."

"이래서는 소립자의 위치를 확인할 수 없었어요. 실제 세계에서는 물리 법칙을 이용해 다음 상황을 예측하는 것이 당연한 일이었지만 미시 세계에선 그 예측 자체가 불가능했어요. 위치와 속도 둘 중 하나는 알 수가 없었으니까요."

"맞아. 어느 정도는 잘 알고 있네."

리사는 만족스럽다는 듯 고개를 끄덕였다. 피노가 생긋 웃으며 농담을 던졌다.

"그렇게 속도 측정이 어렵다면 그냥 소립자에게 과속 딱지를 안 떼면 되지 않을까요?"

"에이, 그렇게 넘어갈 일은 아니지."

리사는 피노의 머리를 쓰다듬더니 설명을 계속했다.

"위치와 속도는 물리량의 기본이자 물리학에서 물체를 이해하는 방식이거든."

리사는 채의 눈을 똑바로 보며 한 걸음 앞으로 내딛었다.

"자, 3초 뒤 나는 어디로 움직일까?"

또각. 리사의 발소리가 조용한 공간에 울렸다. 채는 말없이 리사의 발끝이 향하는 곳을 바라보았다.

채는 한 발 뒤로 물러났다.

"모, 모르겠어요. 박사님이 움직이기 전에는 알 수 없어요."

"빙고! 모든 가능성이 존재한다고 봐야지. 내가 실제로 움직이기 전까지 모든 가능성은 중첩되어 있으니까."

리사는 알쏭달쏭한 미소를 지었다.

"참 이상하지? 이게 바로 미시 세계의 법칙이야."

채는 곰곰이 생각에 잠겼다. 우리는 모두 원자로 이루어진 존재가 아닌가. 이 세상 모든 것들은 소립자들이 모여 만들어졌다. 그러니 결국 우리는 어쩔 수 없이 이 아리송한 양자역학의 지배를 받는 존재일지도 모른다고 말이다.

양자역학의 다양한 확률만큼 다양한 우주가 존재할 수도 있어. 중첩된 상태의 우주는 관측하는 순간 둘로 나뉘고 하나의 가능성은 또 다른 우주로 펼쳐질 수도 있지.

'그 수많은 우주 중 하나에 알파가 있는 걸까?'

채는 상상하는 것을 포기해 버렸다. 너무 많은 가능성과 가늠할 수 없는 크기와 양, 그 앞에서 다시금 초라해질 것 같았다.

"이건 과학이라고 하기엔 너무 추상적인 것 같네요."

채의 말에 피노는 팔짝 뛰며 반가워했다.

"맞아요, 채사장님! 지금 이 이야기는 아직 주류 이론은 아니에요. 하지만 알파 님이 계속 신호를 보내고 있다는 건, 분명 다른 세계가 존재한다는 사인이 아닐까요?"

"알파의 신호……."

　일반 상대성이론을 발표한 지도 이미 10여 년의 세월이 흘렀다. 이 기간 동안 물리학은 급격하게 발전하였다. 당시 젊은 학자들은 아주 작은 소립자의 세계에 대한 해석을 내놓았다. 특히 닐스 보어와 베르너 하이젠베르크가 주도한 코펜하겐 학파가 그 중심이었다.

　그들은 입자의 위치와 운동량은 동시에 알 수 없고 확률적으로만 해석할 수 있다고 했고, 관측자가 개입하느냐 아니냐에 따라 측정 결과가 달라진다고 주장했다. 아인슈타인이 보기엔 뜬구름 잡는 것 같은 이론이었다. 그들의 연구를 들을 때마다 아인슈타인은 눈살을 찌푸렸다.

　'엉터리! 모호하고 애매한 현상을 확실하게 정리하는 게 과학의 역할인 것을! 갈릴레이와 뉴턴, 그리고 나도 복잡하고 어려운 모든 자연 현상을 수학으로 정리했어!'

　1927년. 그 해 아인슈타인은 솔베이 회의에 참석했다. 물리, 화학 분야의 과학자들이 모여 최신 연구를 논의하는 중요한 국제 학술 대회였다.

특히 5차 솔베이 회의는 특별했다. 참석자 26명 중 절반 이상이 이미 노벨상을 받았거나 앞으로 받을 사람들이었다. 현대 과학을 이끈 이들이 한 자리에 모였으니 말이다.

그리고 이곳에서 아인슈타인은 유행하던 양자역학에 제대로 흠집을 낼 계획이었다. 공식적인 회의 시간이 아닌 식사 시간이나 산책 시간에도 아인슈타인과 젊은 물리학자 닐스 보어는 끊임없이 논쟁을 펼쳤다.

산책길에 아인슈타인은 보어에게 물었다.

저 하늘에 달이 있네.

그런데 당신들 주장에 따르면 저 달이 관측하지 않으면 존재하지 않고, 관측했을 때만 존재한단 말인가?

관측자에 따라 결과가 달라진다는 그들의 주장을 꼬집는 질문이었다.

'하, 현실을 예측하지도 못하고, 설명하지도 못하는군!'

대체 이게 무슨 뚱딴지 같은 소리인가. 아인슈타인은 짜증이 치밀어 오르는 것을 느꼈다. 하지만 나이와 경력으로 후배를 찍어 누를 수는 없는 일이었다. 아인슈타인은 좋은 말로 젊은 학자를 타이르기로 했다.

"이보게, 나는 양자역학이 아주 훌륭하고 새로운 이론이라고 생각하네."

달은 여전히 밝게 빛나고 있었다. 아인슈타인은 부드러운 달빛처럼 은은하게 미소를 지어 보았다.

젊은 학자는 별 대꾸 없이 묵묵히 걷고 있었다. 슬쩍 표정을 살폈지만 딱히 변화 없이 담담할 뿐이었다. 자신의 말을 받아들이겠다는 건지, 아닌지 알 수 없는 태도였다. 아인슈타인은 결정적인 한마디를 덧붙였다.

"그럼, 전 이만."

닐스 보어는 정중하게 인사를 하더니 성큼성큼 회의장으로 걸어갔다. 홀로 남은 아인슈타인은 순간 머리가 징 하고 울리는 것 같았다. 왜였을까? 그 순간 아인슈타인의 머릿속에 떠오른 얼굴은 다름 아닌 채 일행이었다.

눈에 보이지 않는 세계

○ 불확실한 미래

갈릴레이, 뉴턴, 아인슈타인이 가진 생각을 요약하면 '결정론적 세계관'이라고 할 수 있어요. 우주의 미래가 이미 결정되어 있다는 관점이지요. 이 생각에 따르면 우주는 수학과 물리학의 법칙에 따라 한 치의 오차도 없이 정확하게 움직이고 예측될 거예요. 하지만 아인슈타인 이후 양자역학이 등장하면서 그 생각은 바뀌었어요. 양자역학의 결과값은 확률로만 예측될 뿐, 확정되지는 않기 때문이에요. 즉, 양자역학의 세계는 '비결정론적 세계'예요. 우주의 미래는 결정되어 있지 않다는 뜻이랍니다.

절대주의	고전 물리학(인과 법칙)	상대주의	현대 물리학(확률)

○ 소립자의 세계

양자역학이 탄생하기 전만 해도 과학자들은 아주 작은 원자나 전자 같은 소립자들도 당연히 뉴턴 역학을 따를 것이라고 생각했어요. 하지만 기술이 발전하면서 눈에 보이지 않는 작은 세계는 우리의 상식과는 너무 다르게 움직인다는 걸 알게 되었어요. 일단 소립자의 크기는 너무 작아서 측정 자체가 곤란했어요. 위치를 측정하려고 하면 속도가 바뀌고, 속도를 확인하려고 하면 위치가 확인되지 않았지요. 그뿐 아니라 관측자가 있느냐 없느냐에 따라 결과값도 바뀌었어요. 고전 역학에서는 관측을 하거나 말거나 세계는 법칙에 따라 운동하지만 양자역학에서는 누군가가 관측을 할 때 비로소 세계가 결정되는 셈이었지요.

> 코펜하겐 해석
> - 물리량의 동시 측정이 불가능함
> - 물리량은 관측의 영향을 받음

○ 아인슈타인과 양자역학

양자역학은 아인슈타인의 상대성이론을 바탕으로 탄생했어요. 하지만 아인슈타인은 양자역학을 완강하게 거부했다고 해요. 아인슈타인이 보기에 우주는 확률에 의존하는 세계가 아니라 인과 법칙으로 견고하게 결정되어 있던 세계였거든요. 20세기에 이르러 과학은 결국 양자역학의 손을 들어주었어요. 실제로 양자역학은 예측이 매우 정확한 편이고, 현대 기술에도 많은 기여를 했답니다.

마스터의 보고서

코펜하겐 학파

아인슈타인의 일반 상대성이론 발표 이후 물리학자들은 아주 작은 소립자의 세계를 이해하기 위한 연구를 계속했다. 그중에서도 덴마크 코펜하겐을 중심으로 모인 학자들은 양자역학을 발전시키고 해석하는 데 큰 역할을 하였다.

닐스 보어

보어는 덴마크 코펜하겐 출신으로 원자 구조에 대한 연구를 하였다. 원자 중심에는 핵이 있고 그 주위를 전자들이 특정한 궤도를 따라 돈다는 원자의 모형을 제안했는데, 이 아이디어는 '보어 모형'이라고 불린다.

베르너 하이젠베르크

독일 출신인 하이젠베르크는 코펜하겐에서 많은 시간을 보내며 '불확정성 원리'라는 중요한 개념을 발견했다. 이 원리는 전자의 위치와 속도를 정확하게 파악할 수 없다는 것을 의미한다.

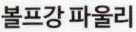

볼프강 파울리

오스트리아 출신의 물리학자로 '파울리 베타 원리'를 발견했다. 두 개의 전자가 동일한 양자 상태를 가질 수 없다는 뜻으로 원자 내부에서 전자들이 어떻게 배열되었는지 설명하는 데에 중요한 역할을 했다.

막스 보른

보른은 슈뢰딩거의 파동 방정식을 이용해서 전자의 위치를 확률적으로 설명했다. 양자역학의 특성 상 전자의 위치를 정확하게 알 수는 없지만 전자가 특정 위치에 있을 수 있는 가능성은 계산할 수 있게 도와준 것이었다.

Break Time
양자역학을 알려 줘!

어렵고 복잡한 양자역학. 그러나 책을 잘 읽었다면 기본적인 개념은 이해할 수 있을 거야. 다음 O, X 문제를 풀고 정답에 해당하는 글자를 순서대로 나열해 봐.

퀴즈 1번
양자역학은 아주 작은 입자들, 예를 들어 전자나 원자와 같은 것들의 행동을 설명하는 과학이다.

O 불　**X** 치

퀴즈 2번
양자역학에서는 입자들이 동시에 여러 장소에 있을 수 없다.

O 미　**X** 확

퀴즈 3번
양자역학에 따르면, 입자의 위치와 속도를 동시에 정확하게 알 수 없다.

O 실　**X** 부

퀴즈 4번
양자역학에서는 입자가 파동처럼 행동할 수 있다고 설명한다.

O 성　**X** 발

☆ 정답 ☆

5 과학 철학

결정되지 않은 우주

아인슈타인만 채를 떠올린 것은 아니었다. 채 또한 내심 아인슈타인이 걱정되었다. 한때는 뉴턴 이후 200년 동안 끄떡없던 과학의 체계를 단숨에 뒤집어엎은 젊은 천재였던 아인슈타인이 이제는 완고한 노인이 되어 기존의 질서를 지키기 위해 고군분투하고 있었으니 말이다.

피노는 채를 위해 차원의 문을 열어 주고, 30분 안에 다녀오라고 당부했다. 채는 싱긋 웃으며 문 안으로 들어갔다. 이제 곧 알파를 만나는 설렘과 지구에 남겨 둔 것들의 아쉬움이 섞여 복잡한 마음이었다. 그 순간 주황색 문이 툭 열리더니 채는 어느새 아인슈타인의 연구실에 도착해 버렸다.

"가, 갑자기 불쑥 찾아와서 죄송합니다!"

채는 자기도 모르게 꾸벅 절하며 큰 소리로 사과했다.

"제가 왜, 왜 왔냐면……, 곧 먼 곳으로 떠나야 하는데 그 전에 인사를 좀 드리고 싶어서요!"

아인슈타인은 조금 놀라긴 했지만 잠시 후 빙그레 미소를 지었다. 마침 아주 기분이 좋은 상황이었다.

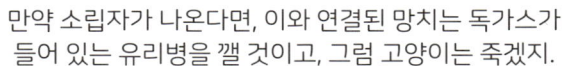
만약 소립자가 나온다면, 이와 연결된 망치는 독가스가 들어 있는 유리병을 깰 것이고, 그럼 고양이는 죽겠지.

한편 50퍼센트 확률로 소립자가 방출되지 않는다면 독가스도 나오지 않고, 고양이는 살아 있게 될 걸세.

"그렇겠지? 하지만 코펜하겐 학파 녀석들은 아마 이런 식으로 말해야 할 거야. '산 상태와 죽은 상태가 중첩으로 존재한다.'"

아인슈타인은 기가 막힌다는 듯 고개를 절레절레 저었다.

"큭큭, 살아 있으면서 동시에 죽어 있다니! 좀 더 자세히 말해 볼까? 상자를 열어 보기 전에는 확률적으로 중첩되어 있다가, 상자를 연 순간 중첩 상태가 붕괴되면서 살아 있거나, 죽어 있는 상태 중 하나로 결정된다고 할 걸세. 어떤가? 이 정도면 정말 엉터리 이론 아닌가?"

채는 평소보다 훨씬 기분 좋아 보이는 아인슈타인을 보며 쓴 웃음을 지었다. 슈뢰딩거의 고양이. 이것은 너무 유명한 사고 실험이었다. 재미있는 사실은 슈뢰딩거는 코펜하겐 학파의 주장을 반박하기 위해 이 실험을 발표했다는 것이다. 그런데 웬걸. 결과는 완전히 반대였다. 이 실험은 훗날 코펜하겐 학파가 하려는 주장을 설명해 주는 예시로 널리 쓰이게 된다.

하지만 아인슈타인은 아직 이 사실을 알지 못했고 채는 어떻게 대답해야 할지 몰라 그저 어색한 웃음만 지을 뿐이었다.

채는 생각했다. 어디까지가 미시 세계이고, 어디서부터가 거시 세계인가. 우리는 그 경계를 알지 못한다. 최근 과학자들은 탄소 원자 60개가 축구공처럼 연결된 풀러렌이라는 물질로 이중 슬릿 실험을 했다고 한다. 탄소 원자는 우리에게 매우 작은 물질이지만 소립자와는 비교도 안 될 만큼 어마어마하게 큰 물질이다. 그런데 실험 결과 파동에서 나오는 간섭 무늬가 발견되었다고 한다.

채는 슬쩍 시계를 보았다. 이제 떠나야 할 시간이었다. 그는 기대감에 가득 차 논문을 계속 살펴보는 아인슈타인에게 쓸쓸한 목소리로 마지막 인사를 건넸다.

채는 아인슈타인의 미래 또한 알고 있었다. 그는 평생을 세계 평화를 위해 몸 바쳤지만 원자폭탄의 아이디어를 처음 제안하기도 했다. 이처럼 앞으로 벌어질 일은 언제나 계획과 법칙을 벗어난 우연과 의문투성이인 것이다.

우주선 조종석에 앉아 리사가 말했다. 마치 집 앞 편의점이라도 나가는 듯 가벼운 말투였다. 그에 반해 채는 가슴이 빠르게 요동쳤다. 이제 알파를 만나는 것일까. 거센 북극 바람 속에서 마지막으로 보았던 알파의 쓸쓸한 모습이 떠올랐다. 그 이후로 알파는 끈질기게 신호를 보내 채를 새로운 세상으로 초대했다. 그리고 이제 드디어 그를 다시 만날 차례다.

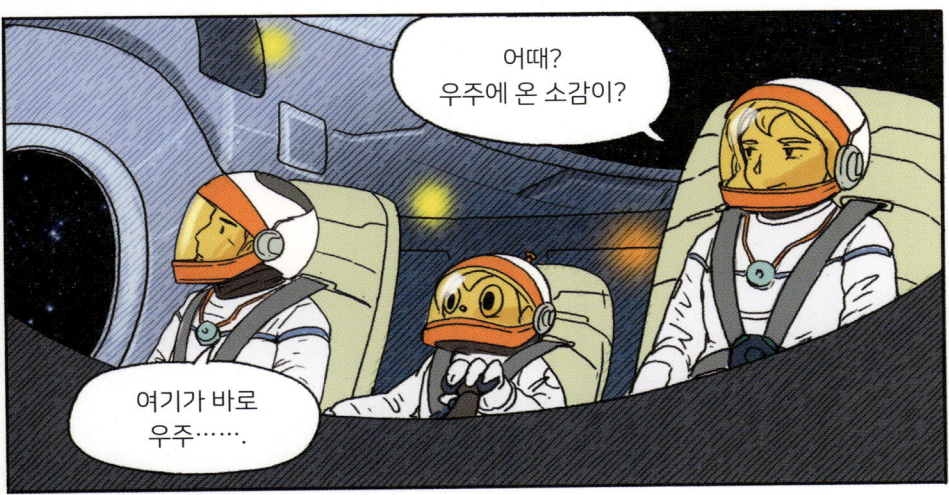

그러나 그 감동은 오래 가지 못했다. 우주에서의 시간은 너무 길고 지루했기 때문이었다. 그들은 식사를 하고, 책을 읽고, 운동을 하고, 가끔 보드게임도 했다. 너무 심심할 땐 겨울잠에 들 듯 긴 잠을 청하기도 하였다.

그러나 아무리 여러 번 반복해서 봐도 경이로운 장면들도 있었다. 행성들의 표면에서 해가 떠오르고 지는 모습이었다. 당연한 물리 법칙에 따라 천체들이 자전과 공전을 반복하면서 만들어 내는 그 광경은 눈물이 날 정도로 아름다웠다.

익숙했던 빛이 펼쳐 낸 향연 앞에 채는 숙연해지곤 하였다.

이제 그들은 어느 암흑의 공간을 지나고 있었다. 길을 잃은 희미한 빛들이 잠깐씩 그들의 주변을 맴돌았다. 보이는 것은 없지만 강력한 중력이 느껴졌다. 이 주변에 블랙홀이 있는 걸까? 불안한 마음 한편으로 이제 거의 다 왔다는 안도감도 들었다.

알파 님의 마지막 신호는 저 안에서 출발했어요.

그들은 강력한 속도를 견디기 위해 안전벨트를 단단히 채웠다.

저 안으로 가면 정말 알파를 만날 수 있는 걸까요?

채의 목소리는 떨리고 있었다.

　원자폭탄과 함께 지구는 쪼개졌고, 소행성은 원시 지구에 와서 박혔다. 혁명을 위해 피 흘리던 인민들, 끊임없이 욕망하던 오메가의 눈빛, 살기 위한 카페 매니저의 몸부림, 불쑥 찾아와 차원을 말하던 리사, 커피를 마시고 카페 뒷문을 열던 알파의 얼굴. 그가 겪은 모든 장면들이 소용돌이처럼 휘몰아쳤다.

거리는 어쩐지 우울하고 어두웠다. 흰 쥐 한 마리가 그의 앞을 쌩 하고 지나가자 채는 놀라서 자전거를 멈춰 세웠다. 그런데 저 멀리 한 남자가 바닥에 누워 있는 게 아닌가.

'혹시 높은 건물에서 떨어지기라도 한 걸까? 그런 것치고는 좀 멀쩡해 보이는데?'

채는 자전거를 천천히 몰아 그 사내의 곁으로 다가갔다.

　엉망진창이 된 사내의 얼굴을 보니 채는 정신이 번뜩 나는 것도 같았다. 갑자기 지워졌던 모든 것들이 빠르게 기억나기 시작했다. 사내의 이름은 알파, 옆에 있는 작은 쥐의 이름은 마스터였다. 채는 반가워서 웃음이 터져 나왔다.
　"으아, 알파! 알파 맞죠? 정말 알파예요?"
　알파는 무슨 영문인지 웃어 주지 않고 멍하니 채의 얼굴을 바라볼 뿐이었다. 그러거나 말거나 채는 신이 나 말을 이었다.

과학은 진보하지 않는다

○ 현대인의 진리, 과학

현대인의 가장 유력한 진리의 후보는 누가 뭐래도 과학이에요. 대부분의 사람들이 "과학적으로 증명되었다."라는 말이 붙으면 망설임 없이 사실이라고 믿곤 하니까요. 이렇게 과학에 대한 무한 신뢰를 보이는 태도를 '과학주의'라고 해요. 그런데 과학의 실제 내용에는 무관심하면서 과학이 진리라고 믿는 마음이 과연 과학적일까요?

○ 토마스 쿤의 패러다임

20세기 미국의 과학 철학자 토마스 쿤은 대중의 기대와는 달리 과학의 발전은 그다지 과학적이지 않았다고 말해요. 과학의 역사는 실험과 관찰, 수학의 적용을 거쳐 논리적으로 진보했을 것 같지만 실제로는 그렇지 않았거든요. 토마스 쿤은 과학에서의 패러다임(사고의 틀, 그리고 사고의 틀이 형성되기까지의 과정)은 다음과 같이 변화했다고 말해요.

1단계
모든 사람이 공유하는 보편적인 진리가 존재해요. 예를 들어 프톨레마이오스의 천동설이 진리로 받아들여지던 시대에는 그 누구도 다른 가능성을 의심하지 않았어요.

2단계
견고한 패러다임에 위기가 찾아와요. 정상 과학 안에서 해결 못하는 사례들이 발견되는 것이지요. 그렇다고 패러다임이 한 번에 무너지지는 않아요.

3단계
위기가 심해지고 혁명이 발생하는 시기예요. 젊은 과학자 집단은 새로운 이론을 가져오고, 나이 많은 과학자 집단은 기존 패러다임을 지키려고 노력하지요.

4단계
새로운 이론이 기존의 것을 폐기하고 혁명에 성공해요. 그러나 기존의 이론과는 단절된 상태예요. 시간이 지나 젊은 과학자들이 권력을 차지하면서 패러다임이 바뀌지요.

과학 혁명은 과학적이라기보다 정치적인 권력 투쟁의 결과처럼 보여요. 사람들은 진화론을 계단식으로 발전하는 이미지로 알고 있지만 실제로는 일관된 방향을 갖지 않는 수평적 변화지요. 과학도 수평적으로 단절된 상태로 변화해 왔고 앞으로도 그럴 거라는 게 토마스 쿤의 패러다임의 변화예요.

마스터의 보고서

슈뢰딩거의 고양이

오스트리아 출신의 물리학자 에르빈 슈뢰딩거는 양자역학 분야에서 중요한 연구를 한 인물이다. 그는 '파동 방정식'을 만들어 전자가 어떤 지점에 있을 확률을 구하는 방법을 제시했다. 그러나 슈뢰딩거는 세계는 결정되어 있지 않고, 불확실하다는 코펜하겐 학파의 주장을 인정하지 않았다. 이를 비판하기 위해 제안한 사고 실험이 바로 그 유명한 '슈뢰딩거의 고양이'이다.

에르빈 슈뢰딩거(1887~1961)

① 상자 속에 고양이 한 마리와 함께 방사성 물질, 유리병에 든 독약, 그리고 방사성 물질이 붕괴하면 유리병을 깨뜨리는 장치가 들어 있다.
② 방사성 물질은 일정 기간 동안 붕괴할 확률이 50%이며, 만약 붕괴하면 장치가 작동해 유리병이 깨지고 독약이 흘러나온다.
③ 그럼 고양이는 죽게 된다.
④ 그러나 방사성 물질이 붕괴하지 않으면 고양이는 살아 있다.

상자를 열어보기 전까지는 고양이가 살아 있는지 죽어 있는지 알 수 없다. 코펜하겐 해석에 따르면 상자를 열어 관측하기 전까지 고양이는 살아 있음과 죽어 있음이 동시에 존재하는 '중첩 상태'에 있다는 것이다.

이 이상한 이야기는 논리적으로 잘 이해되지 않는다. 슈뢰딩거는 바로 이 점을 지적하고 싶었던 것이다. 아주 작은 입자들에 대해 말할 땐 중첩 상태가 이해될 수 있어도 큰 물체인 고양이에게 해석을 적용하면 얼마나 이상한지를 설명하려던 목적이었다. 그러나 오히려 이 사고 실험을 통해 양자역학은 여러 가지 가능성을 탐구하며 서로 다른 관점을 발전시킬 수 있었다. 슈뢰딩거의 고양이는 이해하기 어려운 양자역학을 쉽게 받아들일 수 있게 도와주었으며 동료 과학자들이 양자역학을 더욱 철저하게 연구하도록 자극하는 계기도 되었다.

Break Time
가로세로 낱말풀이

지금까지 어려운 물리학 공부를 함께해 온 친구들, 모두 수고했어! 가로세로 낱말풀이를 통해 새롭게 배운 개념들을 다시 한 번 복습하고 익혀 보도록 하자.

 가로

① 원자나 쿼크와 같은 소립자와 아주 작은 미시 세계를 다루는 물리학의 이론.
② 시간과 공간을 아울러 이르는 말.
③ 질량을 가진 모든 물체가 잡아당기는 힘. 아인슈타인은 시공간의 휘어짐으로 보았다.
④ 공중의 물방울이 햇빛을 받아 나타나는 일곱 빛깔의 줄.
⑤ 물리와 화학 분야의 세계적인 과학자들이 모여 토론하는 모임. 5차 ○○○ ○○는 양자역학의 발전에 큰 기여를 했다.
⑥ 물리학에서 설정된 작은 입자들을 통틀어 이르는 말. 전자, 양성자, 중성자 등.
⑦ 평면 위에 있는 둘 이상의 평행한 직선. 평면에서는 만나지 않는다.

 세로

㉠ 물체가 중력의 작용만으로 떨어질 때의 운동.
㉡ 공기가 전혀 존재하지 않는 공간.
㉢ 빛의 간섭 현상으로 생기는 둥근 모양의 줄무늬. 이중 슬릿 실험에서 빛이 파동이라는 것을 밝히는 결과이다.
㉣ 거듭 겹치거나 포개어짐. 양자역학에서는 모든 가능성이 이 상태라고 말한다.
㉤ 아인슈타인이 처음으로 세운 물체의 속도와 중력에 관련한 이론.
㉥ 아인슈타인이 혁신적인 논문을 발표하여 현대 물리학의 기초를 세운 1905년.
㉦ 파장이 엑스선보다 길고 가시광선보다 짧은 전자기파. 눈으로 볼 수 없다.

행성의 아침

어느 새벽, 알파는 호숫가에서 수영을 하고 나왔어. 이 새벽의 싸늘한 온도와 적절한 어두움, 서늘하고 축축한 습기를 알파는 좋아했거든. 계절에 따라 바뀌긴 했지만 이 행성의 자연 환경은 이제 알파에게 익숙해져 버렸지.

'채가 정말로 오다니, 날 찾아오다니!'

알파는 다가가 채의 이름을 크게 불렀어. 그러나 아무리 목이 터져라 큰 소리로 외쳐도 채는 대답이 없었어.

"아우 정말……, 아파 죽겠네."

알파가 화들짝 놀라 바라보니, 채가 실눈을 뜨고 투덜거리고 있었어. 정말 살아 있는 건가? 이게 꿈이 아닐까? 알파가 아무 말도 못하고 입만 벌리고 있는데 채가 피식 웃었지.

근데 있잖아요, 저 한 백 년 정도 우주를 헤맨 거 같은데…….

어때요, 별로 안 늦었죠?

알파는 이제야 안도의 한숨을 내쉬었어.

당연한 거 아닌가? 중력이 강한 곳에서는 시간이 천천히 가잖아.

응, 그대로야. 채.

최종 정리

여러분 안녕하세요, 채사장이에요.
지금까지 우리는 이야기를 통해 과학의 역사를 알아보았어요. 최종 정리를 통해 중요한 흐름을 되짚고 서로의 생각을 나눠 보도록 해요.

과학자들은 오랜 연구를 통해 빛의 속도는 언제, 어디서나 초속 30만km로 일정하다는 것을 알게 되었어요. 아인슈타인은 빛의 속도가 고정되어 있다면 시간과 공간이 관찰자에 따라 상대적이어야 한다고 밝혔어요. 바로 '특수 상대성이론'이지요.

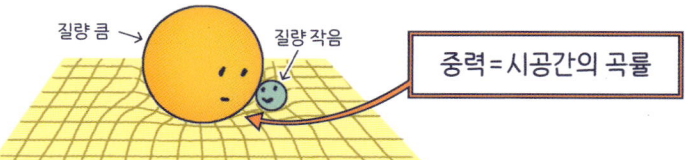

특수 상대성이론을 발표하고 10년 후, 아인슈타인은 일반 상대성이론을 발표했어요. 즉, 중력은 '시공간의 휘어짐'이라는 것을 밝혀낸 거예요.

양자역학을 연구하는 현대의 과학자들은 우주는 결정되지 않았다고 말해요. 양자역학은 확률로만 예측될 뿐 정확하게 정해질 수 없거든요. 아주 작은 소립자의 세계는 확실하게 측정할 수도 없고, 관측자에 따라 결과가 바뀌기 때문이에요.

> **생각하고 토론하기**

근대까지만 해도 과학은 무엇이든 예측할 수 있으며 절대적인 진리를 갖고 있다고 생각했어요. 그런데 소립자들의 세계가 관찰되면서 그 생각들이 바뀌기 시작했지요. 과학에 대한 여러분의 생각을 나눠 보아요.

① 뉴턴은 공간과 시간은 독립적으로 존재하고 절대 변하지 않는다고 생각했어요. 그런데 아인슈타인은 시공간은 하나의 통합된 차원이며 관찰자의 속도와 중력에 따라 변화한다고 했지요. 여러분은 우리를 둘러싼 시공간에 대해 어떻게 생각하나요?

> 지금 이 순간도 우린 중력의 영향을 받으며 빠르게 태양 주변을 회전하고 있어.

> 시공간의 영향을 받는 존재인 우리도 상대적이고 변화무쌍하겠지?

② 갈릴레이, 뉴턴, 아인슈타인은 우주가 수학과 물리학의 법칙에 따라 한 치의 오차도 없이 정확하게 움직이고 예측된다고 생각했어요. 그러나 양자역학을 연구하는 현대의 과학자들은 모든 것은 결정되어 있지 않다고 하지요. 왜 그렇게 생각했을까요?

> 미시 세계는 제대로 관측할 수도 없고 관측자에 따라 결과가 달라지는 세계야.

> 그런데 우리 모두는 양자로 이루어진 존재잖아?

③ 현대인들은 '과학적으로 증명되었다'고 하면 망설임 없이 사실로 받아들이며, 과학에 대한 무한한 신뢰를 보이지요. 여러분은 이러한 과학주의를 어떻게 생각하나요? 과학은 정말 믿을 수 있는 진리일까요?

> 과학 내용 자체엔 무관심하면서 과학이 진리라고 믿는 태도는 과학적이지 않아.

> 과학의 역사를 살펴보면 과학의 발전 과정도 논리적이거나 합리적이지 않았어.

과학은 진리의 강력한 후보로 이 세계에 대해 많은 것들을 밝혀냈지만 분명한 한계를 가지고 있다는 것도 알게 되었어요. 다음 장에서 지금까지 배운 것들을 다시 정리해 볼게요.

과학편 총정리

지적 대화를 위한 넓고 얕은 지식 여행을 함께해 온 여러분! 우리는 9권부터 11권까지 '과학'의 세계를 탐험했어요. 우리가 배운 과학의 흐름을 다시 정리해 볼까요?

우리는 우주가 138억 년 전 아주 작은 점에서 시작되었다는 빅뱅 이론과 우리 우주 외의 다른 우주가 존재한다는 다중 우주론에 대해 알아보았어요. 원시 지구 어딘가에서 탄생한 최초의 생명이 진화 과정을 통해 다양한 생명체로 뻗어 나갔다는 사실도 이해하게 되었답니다.

그러나 고대 사람들은 지구가 정지해 있고, 지구를 중심으로 하늘의 천체들이 회전한다는 천동설을 진리라고 생각했지요. 훗날 코페르니쿠스는 천동설을 비판하고 지동설을 주장했고 갈릴레이는 수학적 근거를 바탕으로 지동설의 근거를 제시했어요. 갈릴레이 이후, 여러 과학자들에 의해 행성의 움직임은 수학으로 설명할 수 있게 되었어요.

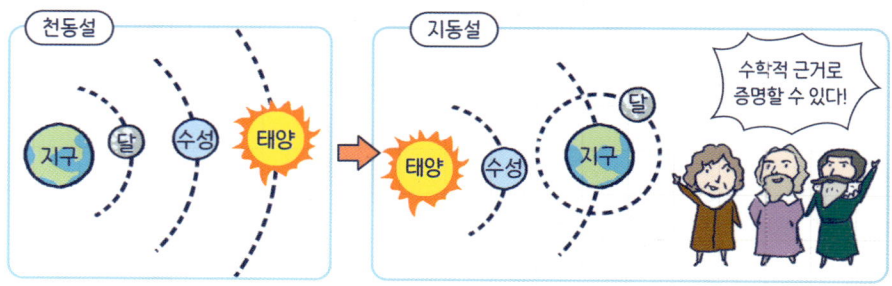

그 후 데카르트가 기하학과 대수학을 연결하며 복잡한 자연 세계를 수학적인 언어로 서술하게 되었어요. 또 뉴턴으로 인해 물리학은 존재부터 관계까지 모든 것을 수학으로 다룰 수 있게 되었고요.

아인슈타인은 뉴턴이 생각한 절대적 시간과 공간을 무너뜨리고 관측자에 따라 변화하는 상대적 시공간을 제시했어요. 이처럼 근대까지의 과학자들은 새로운 해결책을 제시하며 과학의 발전을 이루어 나가는 것 같았어요.

그런데 현대에 이르러 아주 작은 미시 세계를 관찰하게 되면서 과학은 다시 불확실해졌어요. 코펜하겐 학자들은 소립자의 위치와 속도를 정확히 측정할 수 없다고 말해요. 이것을 '불확정성 원리'라고 불러요. 근대까지의 과학이 '절대주의'였다면 현대의 과학은 '상대주의'의 모습을 하고 있지요.

세계에 대한 이해		고대	근대	현대
	절대주의	프톨레마이오스 (천동설)	코페르니쿠스 → 갈릴레이 → 뉴턴 → 아인슈타인 (지동설)　　 (물체)　　 (힘)　　 (상대성이론)	양자역학 (불확정성 원리)
	상대주의			

우리는 이제 다른 진리의 후보인 철학을 만나 볼 거예요. 철학은 어떻게 우리 자신과 세계를 설명하고 있을까요? 12권에서 만나 보세요!

정답

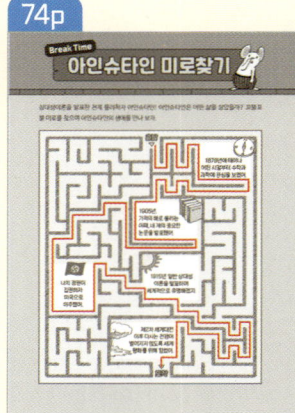

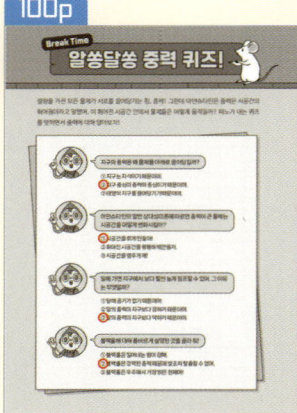

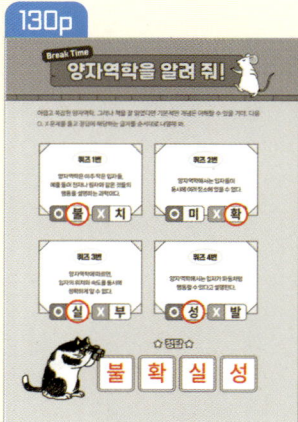